BuddhAll

BuddhAll.

All is Buddha.

BuddhAll

如何修持金剛經

以金剛不壞的智慧，破除一切迷惘煩惱，圓滿幸福光明人生！

How To Study The Vajra Sutra

洪啟嵩 著

目錄

出版緣起……007
序……011

第一章 認識金剛經……037
悅讀金剛經……038
金剛經的構成……050

第二章 解讀金剛經……055
法會的起因與由來……059
長老須菩提的啟請……072
大乘佛法的真正宗趣……082

無所執住的妙行……091
如理的實現……101
希有的正信……107
無證可得亦無法可說……112
依於正法而出生……115
諸法一相就是無相……120
如何莊嚴諸佛的淨土……125
無為的殊勝福德……132
尊重真正的教法……135
如法的受持本經……137
離於眾相的寂滅實相……143
受持金剛經功德……159
清淨業障……162
究竟的無我之法……167

在法界一體中同等觀照……175
法界的流通教化……180
遠離色身、遠離諸相見如來……183
無說法而說法……189
無法可得……190
以淨心來行善……193
無比的福德與智慧……197
無有眾生可度的如來境界……199
法身不能以表相來觀察……202
法身實相無斷亦無滅……207
不受取亦不貪著福德……212
如來的威儀寂靜……214
不可說的一合相世界……216
分別法相的知見不再生起……219

應現如幻如化並非真實……222

第三章 金剛經的生活……231

金剛經的人生……232
金剛經的實踐者
——六祖惠能大師……248
金剛經的日修法……251
金剛經的感應故事……261

附錄一 金剛經的相關年表……273

附錄二 與金剛經相關的書籍……280

出版緣起

每一部佛經都是佛陀為了導引眾生離苦得樂、去除妄想證得覺悟境界而宣說的金言，也是諸佛如來的成佛心要。而每一部佛經也都因應著不同眾生的根器緣起，來指示大眾修證成佛的妙道。

所以佛經成立的主旨，就是希望大家投入佛經之中，以佛經的智慧為智慧，以經中的生活為生活，來實踐「佛經化的生涯」；而佛經不只是閱讀、誦持、聽聞、思惟佛經的境界。〈佛經修持法〉系列即是基於「佛經即生活」、「生活即佛經」的見地，來解說佛教經典中的修行法要，使不同因緣的大眾，可以抉擇與自己有緣的經典，來圓滿成就佛道。

一般人讀誦佛經的時候，常都只是讀誦而已。〈佛經修持法〉的出版目的，不僅期望大家清楚的持誦經文的每一個字，更希望將佛經的內容變成實踐實修的法門，可以實際在生活中運用；讓每一部佛經都有次第可以修持，從見地上的建立，到道地上的修證法則，最後證入佛經所描述的圓滿果地。

〈佛經修持法〉就是希望能夠承續古德未完成的志業，從閱讀佛經，來建立佛經的正見，依法修持實踐，整理匯入日常生活當中，成為隨時可以實踐的一致法門，甚至成為佛經的生涯規劃。

此外，〈佛經修持法〉並非立足於一種觀行的儀軌而已，也就是說，它並不像中國歷代的懺法，如：淨土懺法、或金剛般若懺法，乃至於密乘儀軌的修持法。雖然這樣的懺法儀軌也是一種觀行的次第。但是，這些觀行的次第，恐怕也只是在我們修法的時候，按照觀行的儀軌而去觀想實證而已，並不是我們日常二六時中，可以隨時隨地與我們的生活融合為一的。

〈佛經修持法〉是要使我們生活中的正見即是佛經所現的正見：生活中所有的行事，都是由這正見所指導的正確業行，我們的心意識當中的所有思惟，所有觀行，都和經典相應；乃至於現證到我們所生活的世界，就是整個佛經的世界，而我們的身口意，與宣講經主的身口意都融合為一。

這樣的宣說，基本上是期望大家能把佛經實現在生活之中；亦即我們生活在佛經之中，而佛經活在我們之中。如此現起的世界，也就是經中的清淨世界。這才是真正佛經的修持法，也才是真正的轉經。如果只是讀誦佛經，縱使讀誦幾千萬遍的經文，佛經還是佛經，生活還是生活，這兩者還是有所分別的。

理想的佛法實現，是直接實現經論的世界，直接使這個世界成為佛經的淨土，一切人都是現前佛菩薩，一切語皆是佛語，一切行皆是佛行，而幻化空花的佛事，就是如幻的莊嚴現前。只要我們有深切的體認，願意精進不懈的實踐，定能達成佛經淨土的世界，而現在就是開始。

如何修持金剛經——序

《金剛經》是一部教導我們如何發起無上菩提心，直至修證成就無上菩提、圓滿成佛的經典。

當我們發起了無上菩提心，就成為一位菩薩行者；因此，如何正確的發心、修行、降伏菩提心的障礙，就成為如來教授、付囑菩薩的最重要課題。基於如來如何善巧護念、付囑菩薩的因緣，佛陀在祇樹給孤獨園宣說了《金剛經》。

《金剛經》對於佛子而言，不只是演述教義的經典而已，經中的內容除了顯示無上的智慧知見之外，更是實際禪觀的修證指導，我們依據其中的智見與實修指示，必能成就無上菩提，而圓成佛果。

因此，自古以來，印度祖師如無著、世親菩薩在證解《金剛經》時，即是將此經視為禪觀實證的經典，而深密剖析。所以不管是無著菩薩的《金剛般若論》及世親菩薩的《金剛般若波羅蜜經論》等註論，都是基於此立場而宣說。

自古以來，持誦《金剛經》而有所感應的很多。這不只是一部宣講空性智慧的經典，它更是一部功德圓具、教導我們得到真實福德，並能夠與大眾深刻感應的一部經典。

在佛法中受持經典的方法，一般稱為十法行。在《勝天王般若波羅蜜經》卷七〈付囑品〉中說：「受持此修多羅有十種法，何等為十？一者書寫、二者供養、三者流傳、四者諦聽、五者自讀、六者憶持、七者廣說、八者口誦、九者思惟、十者修行。」

因此，除了一般書寫、諷誦之外，如果能將經典與修證、生活相應，讓我們的生活，為經典實踐的場域，而成為經典即生活、生活即經典，更能闡揚經典的無上妙德。而這樣的經典生活，才是迅疾成就無上菩提的上妙方便。

本書從「解讀金剛經」開始，讓讀者深入《金剛經》的智慧，同時感受六祖惠能在「應無所住，而生其心」時的當下體悟，直接參與《金剛經》的盛會。

藉由閱讀、修持《金剛經》，進而讓讀者能夠在生活中實踐《金剛經》，讓自己過一個《金剛經》的光明人生。

金剛般若波羅蜜經

姚秦・三藏法師鳩摩羅什譯

法會因由分第一

如是我聞：一時，佛在舍衛國祇(ㄑㄧˊ)樹給孤獨園，與大比丘眾千二百五十人俱。爾時，世尊食時，著(ㄓㄨㄛˊ)衣持鉢，入舍衛大城乞食。於其城中次第乞已，還至本處。飯食訖(ㄑㄧˋ)，收衣鉢。洗足已，敷座而坐。

善現啓請分第二

時長老須菩提，在大眾中，即從座起，偏(ㄆㄧㄢ)袒(ㄊㄢˇ)右肩，右膝著地，合掌恭敬而白佛言：「希有世尊！如來善護念諸菩薩，善付囑諸菩薩！世尊！善男子、善女人，發阿耨多羅三藐三菩提心，應云何住？云何降伏其心？」

佛言：「善哉！善哉！須菩提！如汝所說：『如來善護念諸菩薩，善付囑諸菩薩。』汝今諦聽，當爲汝說。善男子、善女人，發阿耨多羅三藐三菩提心，應如是住，如是降伏其心！」「唯然！世尊！願樂欲聞。」

大乘正宗分第三

佛告須菩提：「諸菩薩摩訶薩應如是降伏其心：所有一切眾生之類，若卵生、若胎生、若濕生、若化生；若有色、若無色；若有想、若無想；若非有想非無想，我皆令入無餘涅槃而滅度之。如是滅度無量無數無邊眾生，實無眾生得滅度者。何以故？須菩提！若菩薩有我相、人相、眾生相、壽者相，即非菩薩。」

妙行無住分第四

「復次，須菩提！菩薩於法，應無所住行於布施。所謂不住色布施，不住聲、香、味、觸、法布施。須菩提！菩薩應如是布施，不住於相。何以故？若菩薩不住相布施，其福德不可思量(ㄌㄧㄤˊ)。須菩提！於意云何？東方虛空可思量不(ㄈㄡˇ)？」「不(ㄈㄡˇ)也，世尊！」「須菩提！南西北方四維上下虛空可思量不(ㄈㄡˇ)？」「不(ㄈㄡˇ)也！世尊！」「須菩提！菩薩無住相布施，福德亦復如是不可思量。須菩提！菩薩但應如所教住！」

如理實見分第五

「須菩提！於意云何？可以身相見如來不(ㄈㄡˇ)？」「不(ㄈㄡˇ)也，世尊！不可以身相得見如來。何以故？如來所說身相，即非身相。」佛告須菩提：「凡所有相皆是虛妄。若見諸相非相，則見如來。」

正信希有分第六

須菩提白佛言：「世尊！頗有衆生，得聞如是言說章句，生實信不（ㄈㄡˇ）？」佛告須菩提：「莫作是說！如來滅後後五百歲，有持戒修福者，於此章句能生信心，以此爲實。當知是人，不於一佛二佛三四五佛而種善根，已於無量千萬佛所種諸善根。聞是章句乃至一念生淨信者；須菩提！如來悉知悉見，是諸衆生得如是無量福德。何以故？是諸衆生，無復我相、人相、衆生相、壽者相，無法相，亦無非法相。何以故？是諸衆生，若心取相，則爲著（ㄓㄨㄛˊ）我、人、衆生、壽者。若取法相，即著（ㄓㄨㄛˊ）我、人、衆生、壽者。何以故？若取非法相，即著（ㄓㄨㄛˊ）我、人、衆生、壽者。是故不應取法，不應取非法。以是義故，如來常說：『汝等比丘！知我說法如筏（ㄈㄚˊ）喻者，法尚應捨，何況非法？』」

無得無說分第七

「須菩提！於意云何？如來得阿耨多羅三藐三菩提耶？如來有所說法耶？」須菩提言：「如我解佛所說義，無有定法名阿耨多羅三藐三菩提，亦無有定法如來可說。何以故？如來所說法，皆不可取、不可說，非法非非法，所以者何？一切賢聖皆以無為(ㄨㄟˊ)法而有差別。」

依法出生分第八

「須菩提！於意云何？若人滿三千大千世界七寶，以用布施。是人所得福德，寧為多不(ㄈㄡˇ)？」須菩提言：「甚多！世尊！何以故？是福德，即非福德性，是故如來說福德多。」「若復有人，於此經中，受持乃至四句偈等，為他人說，其福勝彼。何以故？須菩提！一切諸佛及諸佛阿耨多羅三藐三菩提法，皆從此經出。須菩提！所謂佛法者，即非佛法。」

一相無相分第九

「須菩提！於意云何？須陀洹能作是念，我得須陀洹果不？」須菩提言：「不也。世尊！何以故？須陀洹名為入流，而無所入，不入色、聲、香、味、觸、法，是名須陀洹。」「須菩提！於意云何？斯陀含能作是念：我得斯陀含果不？」須菩提言：「不也！世尊！何以故？斯陀含名一往來，而實無往來，是名斯陀含。」「須菩提！於意云何？阿那含能作是念：我得阿那含果不？」須菩提言：「不也！世尊！何以故？阿那含名為不來而實無來，是故名阿那含。」「須菩提！於意云何？阿羅漢能作是念：我得阿羅漢道不？」須菩提言：「不也。世尊！何以故？實無有法名阿羅漢。世尊！若阿羅漢作是念：我得阿羅漢道，即為著我、人、眾生、壽者。世尊！佛說我得無諍三昧人中最為第一，是第一離欲阿羅漢。我不作是念：我是離欲阿羅漢。世尊！我若作是念，我得阿羅漢道，世尊則不說須菩提是樂阿蘭那行者，以須菩提實無所行，而名須菩提是樂阿蘭那行。」

莊嚴淨土分第十

佛告須菩提：「於意云何？如來昔在然燈佛所，於法有所得不ㄈㄡˇ？」「世尊！如來在然燈佛所，於法實無所得。」

「須菩提！於意云何？菩薩莊嚴佛土不ㄈㄡˇ？」「不ㄈㄡˇ也！世尊！何以故？莊嚴佛土者，則非莊嚴，是名莊嚴。」「是故須菩提！諸菩薩摩訶薩，應如是生清淨心，不應住色生心，不應住聲、香、味、觸、法生心，應無所住而生其心。」

「須菩提！譬如有人身如須彌山王，於意云何？是身爲大不ㄈㄡˇ？」須菩提言：「甚大！世尊！何以故？佛說非身，是名大身。」

無為福勝分第十一

「須菩提！如恒河中所有沙數，如是沙等恒河，於意云何？是諸恒河沙寧爲多不ㄈㄡˇ？」須菩提言：「甚多。世尊！但諸恒河尚多無數，何況其沙？」「須菩提！我今實言告汝：若有善男子善女人，以七寶滿爾所恒河沙數三千大千世界，以用布施，得福多不（ㄈㄡˇ）？」須菩提言：「甚多！世尊！」佛告須菩提：「若善男子善女人，於此經中乃至受持四句偈等，爲他人說，而此福德，勝前福德。」

尊重正教分第十二

「復次，須菩提！隨說是經乃至四句偈等，當知此處一切世間天、人、阿修羅皆應供養如佛塔廟，何況有人盡能受持、讀誦。須菩提！當知是人，成就最上第一希有之法！若是經典所在之處，則爲有佛，若尊重弟子。」

如法受持分第十三

爾時，須菩提白佛言：「世尊！當何名此經？我等云何奉持？」佛告須菩提：「是經名爲金剛般（ㄅㄛ）若（ㄖㄜˇ）波羅蜜，以是名字，汝當奉持！所以者何？須菩提！佛說般若波羅蜜，則非般若波羅蜜。須菩提！於意云何？如來有所說法不？」須菩提白佛言：「世尊！如來無所說。」

「須菩提！於意云何？三千大千世界所有微塵，是爲多不？」須菩提言：「甚多！世尊！」「須菩提！諸微塵，如來說非微塵，是名微塵。如來說世界，非世界，是名世界。」

「須菩提！於意云何？可以三十二相見如來不？」「不也！世尊！不可以三十二相得見如來。何以故？如來說三十二相，即是非相，是名三十二相。」

「須菩提！若有善男子善女人，以恒河沙等身命布施；若復有人，於此經中乃至受持四句偈等，爲他人說，其福甚多！」

離相寂滅分第十四

爾時，須菩提聞說是經，深解義趣，涕淚悲泣而白佛言：「希有世尊！佛說如是甚深經典，我從昔來所得慧眼，未曾得聞如是之經！

「世尊！若復有人，得聞是經，信心清淨，即生實相，當知是人成就第一希有功德。世尊！是實相者，則是非相，是故如來說名實相。世尊！我今得聞如是經典，信解受持，不足爲難，若當來世後五百歲，其有眾生得聞是經，信解受持，是人則爲第一希有！何以故？此人無我相、人相、眾生相、壽者相。所以者何？我相即是非相，人相、眾生相、壽者相即是非相。何以故？離一切諸相，則名諸佛。」

佛告須菩提：「如是！如是！若復有人得聞是經，不驚、不怖、不畏，當知是人甚爲希有！何以故？須菩提！如來說第一波羅蜜，非第一波羅蜜，是名第一波羅蜜。

「須菩提！忍辱波羅蜜，如來說非忍辱波羅蜜。何以故？須菩提！如我昔爲歌利王割截身體，我於爾時無我相、無人相、無眾生相、無壽者相。何以故？我於往昔節節支解時，若有我相、人相、眾生相、壽者相，應生瞋恨。須菩提！又念過去於五百世作忍辱仙人，於爾所世無我相、無人相、無眾生相、無壽者相。

「是故須菩提！菩薩應離一切相發阿耨多羅三藐三菩提心！不應住色生心，

不應住聲、香、味、觸、法生心，應生無所住心！若心有住，則為非住，是故佛說菩薩心不應住色布施。須菩提！菩薩為利益一切眾生，應如是布施！如來說一切諸相，即是非相。又說一切眾生，則非眾生。

「須菩提！如來是真語者，實語者，如語者，不誑語者，不異語者。須菩提！如來所得法，此法無實無虛。須菩提！若菩薩心住於法而行布施，如人入闇，則無所見；若菩薩心不住法而行布施，如人有目，日光明照，見種種色。

「須菩提！當來之世，若有善男子善女人，能於此經受持、讀誦，則為如來以佛智慧悉知是人，悉見是人，皆得成就無量無邊功德。

持經功德分第十五

「須菩提！若有善男子善女人，初日分以恒河沙等身布施，中日分復以恒河沙等身布施，後日分亦以恒河沙等身布施，如是無量百千萬億劫以身布施；若復有人聞此經典信心不逆，其福勝彼，何況書寫、受持、讀誦、為人解說！

「須菩提！以要言之，是經有不可思議，不可稱量，無邊功德！如來爲發大乘者說，爲發最上乘者說。若有人能受持、讀誦、廣爲人說，如來悉知是人、悉見是人，皆成就不可量、不可稱、無有邊、不可思議功德。如是人等，則爲荷擔如來阿耨多羅三藐三菩提。何以故？須菩提！若樂(一ㄠˋ)小法者，著(ㄓㄨㄛˊ)我見、人見、眾生見、壽者見，則於此經不能聽受、讀誦、爲人解說。

「須菩提！在在處處若有此經，一切世間，天、人、阿修羅所應供養；當知此處則爲是塔，皆應恭敬作禮圍繞，以諸華香而散其處。

能淨業障分第十六

「復次，須菩提！善男子、善女人，受持、讀誦此經，若爲人輕賤，是人先世罪業應墮惡道，以今世人輕賤故，先世罪業則爲消滅，當得阿耨多羅三藐三菩提。

「須菩提！我念過去無量阿僧祇(ㄑㄧˊ)劫，於然燈佛前，得值八百四千萬億那由他諸佛，悉皆供養承事，無空過者。若復有人於後末世，能受持、讀誦此經所得功德，於我所供養諸佛功德，百分不及一，千萬億分乃至算數譬喻所不能及。

「須菩提！若善男子、善女人，於後末世，有受持、讀誦此經所得功德，我若具說者，或有人聞，心即狂亂，狐疑不信。須菩提！當知是經義不可思議，果報亦不可思議。」

究竟無我分第十七

爾時，須菩提白佛言：「世尊！善男子善女人，發阿耨多羅三藐三菩提心，云何應住？云何降伏其心？」佛告須菩提：「善男子善女人發阿耨多羅三藐三菩提者，當生如是心：我應滅度一切眾生，滅度一切眾生已，而無有一眾生實滅度者。何以故？須菩提！若菩薩有我相、人相、眾生相、壽者相，則非菩薩。所以者何？須菩提！實無有法發阿耨多羅三藐三菩提者。」

「須菩提！於意云何？如來於然燈佛所，有法得阿耨多羅三藐三菩提不（ㄈㄡˇ）？」

「不（ㄈㄡˇ）也，世尊！如我解佛所說義，佛於然燈佛所，無有法得阿耨多羅三藐三菩提。」佛言：「如是！如是！須菩提！實無有法如來得阿耨多羅三藐三菩提。須菩提！若有法如來得阿耨多羅三藐三菩提者，然燈佛則不與我受記：『汝於來世當得作佛，號釋迦牟尼。』以實無有法得阿耨多羅三藐三菩提，是故然燈佛與我受記，作是言：『汝於來世當得作佛，號釋迦牟尼。』何以故？如來者，即諸法如義。若有人言：如來得阿耨多羅三藐三菩提，須菩提！實無有法佛得阿耨多羅三藐三菩提。須菩提！如來所得阿耨多羅三藐三菩提，於是中無實無虛。是故如來說一切法皆是佛法。須菩提！所言一切法者，即非一切法，是故名一切法。

「須菩提！譬如人身長大。」須菩提言：「世尊！如來說人身長大，則為非大身，是名大身。」

「須菩提！菩薩亦如是。若作是言：我當滅度無量眾生，則不名菩薩。何以故？須菩提！實無有法名為菩薩。是故佛說：一切法無我、無人、無眾生、無壽者。

「須菩提！若菩薩作是言：我當莊嚴佛土，是不名菩薩。何以故？如來說莊嚴佛土者，即非莊嚴，是名莊嚴。須菩提！若菩薩通達無我法者，如來說名眞是菩薩。

一體同觀分第十八

「須菩提！於意云何？如來有肉眼不？」「如是！世尊！如來有肉眼。」「須菩提！於意云何？如來有天眼不？」「如是！世尊！如來有天眼。」「須菩提！於意云何？如來有慧眼不？」「如是！世尊！如來有慧眼。」「須菩提！於意云何？如來有法眼不？」「如是！世尊！如來有法眼。」「須菩提！於意云何？如來有佛眼不？」「如是！世尊！如來有佛眼。」「須菩提！於意云何？恒河中所有沙，佛說是沙不？」「如是！世尊！如來說是沙。」「須菩提！於意云何？如一恒河中所有沙，有如是等恒河，是諸恒河所有沙數佛世界，如是寧爲多不？」「甚多！世尊！」佛告須菩提：「爾所國土中所有衆生若干種心，如來悉知。何以故？如來說諸心，皆爲非心，是名爲心。所以者何？須菩提！過去心不可得，現在心不可得，未來心不可得。」

法界通化分第十九

「須菩提！於意云何？若有人滿三千大千世界七寶以用布施，是人以是因緣，得福多不？」「如是，世尊！此人以是因緣，得福甚多。」「須菩提！若福德有實，如來不說得福德多，以福德無故，如來說得福德多。」

離色離相分第二十

「須菩提！於意云何？佛可以具足色身見不？」「不也！世尊！如來不應以具足色身見。何以故？如來說具足色身，即非具足色身，是名具足色身。」「須菩提！於意云何？如來可以具足諸相見不？」「不也，世尊！如來不應以具足諸相見。何以故？如來說諸相具足，即非具足，是名諸相具足。」

非說所說分第二十一

「須菩提！汝勿謂如來作是念：我當有所說法。莫作是念！何以故？若人言如來有所說法，即爲謗佛，不能解我所說故。須菩提！說法者，無法可說，是名說法。」

爾時，慧命須菩提白佛言：「世尊！頗有眾生於未來世聞說是法，生信心不（ㄈㄡˇ）？」佛言：「須菩提！彼非眾生，非不眾生。何以故？須菩提！眾生，眾生者，如來說非眾生，是名眾生。」

無法可得分第二十二

須菩提白佛言：「世尊！佛得阿耨多羅三藐三菩提，爲無所得耶？」「如是！如是！須菩提！我於阿耨多羅三藐三菩提，乃至無有少法可得，是名阿耨多羅三藐三菩提。」

淨心行善分第二十三

「復次，須菩提！是法平等，無有高下，是名阿耨多羅三藐三菩提。以無我、無人、無眾生、無壽者，修一切善法，則得阿耨多羅三藐三菩提。須菩提！所言善法者，如來說非善法，是名善法。」

福智無比分第二十四

「須菩提！若三千大千世界中，所有諸須彌山王，如是等七寶聚，有人持用布施。若人以此般若波羅蜜經乃至四句偈等，受持、讀誦，爲他人說，於前福德百分不及一，百千萬億分乃至算數譬喻所不能及。

化無所化分第二十五

「須菩提！於意云何？汝等勿謂如來作是念：『我當度眾生。』須菩提！莫作是念。何以故？實無有眾生如來度者。若有眾生如來度者，如來則有我、人、眾生、壽者。須菩提！如來說有我者，則非有我，而凡夫之人以爲有我。須菩提！凡夫者，如來說則非凡夫。」

法身非相分第二十六

「須菩提！於意云何？可以三十二相觀如來不？」須菩提言：「如是！如是！以三十二相觀如來。」佛言：「須菩提！若以三十二相觀如來者，轉輪聖王則是如來。」須菩提白佛言：「世尊！如我解佛所說義，不應以三十二相觀如來。」爾時，世尊而說偈言：

若以色見我，以音聲求我，

是人行邪道，不能見如來。

無斷無滅分第二十七

「須菩提！汝若作是念，如來不以具足相故得阿耨多羅三藐三菩提；須菩提！莫作是念：如來不以具足相故得阿耨多羅三藐三菩提！須菩提！汝若作是念，發阿耨多羅三藐三菩提者，說諸法斷滅相。莫作是念！何以故？發阿耨多羅三藐三菩提心者，於法不說斷滅相。」

不受不貪分第二十八

「須菩提！若菩薩以滿恒河沙等世界七寶布施，若復有人，知一切法無我得成於忍，此菩薩勝前菩薩所得功德。須菩提！以諸菩薩不受福德故。」須菩提白佛言：「世尊！云何菩薩不受福德？」「須菩提！菩薩所作福德不應貪著，是故說不受福德。」

威儀寂靜分第二十九

「須菩提！若有人言：如來若來、若去、若坐、若臥，是人不解我所說義。何以故？如來者，無所從來，亦無所去，故名如來。」

一合理相分第三十

「須菩提！若善男子善女人，以三千大千世界碎爲微塵，於意云何？是微塵衆寧爲多不（ㄈㄡˇ）？」

「甚多！世尊！何以故？若是微塵衆實有者，佛則不說是微塵衆。所以者何？佛說微塵衆，則非微塵衆，是名微塵衆。

「世尊！如來所說三千大千世界，則非世界，是名世界。何以故？若世界實有者，則是一合相，如來說一合相，則非一合相，是名一合相。」「須菩提！一合相者，即是不可說，但凡夫之人貪著其事。」

知見不生分第三十一

「須菩提！若人言佛說我見、人見、眾生見、壽者見，須菩提！於意云何？是人解我所說義不（ㄈㄡˇ）？」「世尊！是人不解如來所說義。何以故？世尊說我見、人見、眾生見、壽者見，即非我見、人見、眾生見、壽者見，是名我見、人見、眾生見、壽者見。」

「須菩提！發阿耨多羅三藐三菩提心者，於一切法，應如是知，如是見，如是信解，不生法相。須菩提！所言法相者，如來說即非法相，是名法相。」

應化非真分第三十二

「須菩提！若有人以滿無量阿僧祇(ㄑㄧˊ)世界七寶持用布施，若有善男子、善女人發菩薩心者，持於此經，乃至四句偈等，受持、讀誦，爲人演說，其福勝彼。云何爲人演說？不取於相，如如不動。何以故？

一切有爲法，如夢幻泡影，
如露亦如電，應作如是觀！

佛說是經已，長老須菩提，及諸比丘、比丘尼、優婆塞、優婆夷，一切世間天人阿修羅，聞佛所說，皆大歡喜，信受奉行。

第1章

認識金剛經

悅讀金剛經

《金剛經》對中國佛教徒來說，是一本耳熟能詳的經典，也是讀誦最多、講說最廣、流行最為普遍的經典，而一般儒士道流亦多讀誦《金剛經》，尤其在六祖惠能大師之後，這部經典對中國佛教的修行人產生了很深遠的影響。

在禪宗的歷史中，達摩初祖來中土以《楞伽經》來印證學人，教授開示禪者。到了五祖弘忍之後，就轉以《金剛經》來傳授心，六祖惠能便是因為此經的經文而開悟，成為禪宗很重要的人物，於是乎《金剛經》就成為禪宗傳承中最重要的一本經典。

當時，五祖於半夜為六祖講授《金剛經》，至「應無所住而生其心」時，六祖言下大悟，而讚嘆說：「何期自性本自清淨！何期自性本不生滅！何期自性本自具足！何期自性本無動搖！何期自性能生萬法！」五祖便印可惠能大師而且傳衣缽給他，惠能就成為禪宗第六祖。這是《金剛經》使人證悟的著名例子，此經與中國佛教的因緣也就連綿不斷了。

《金剛經》所以特別弘通，根據印順論師的研究，有兩個原因：一是中國佛教，無論何種宗派，都非常重視實行，而且特別重視從禪定中發起智慧的體悟。二、《金剛經》是重視般若智慧的體悟，字數五千多字亦不太多，恰好合乎中國人喜歡簡單的方式，所以能夠特別的盛行。

◆金剛般若

金剛，梵語為 Vajra，金剛是什麼？是金剛鑽嗎？金剛的特色是堅硬、明亮、能斷。所以，本經的譯名有《金剛般若波羅蜜經》，也有譯為《能斷般若波羅蜜經》。

鳩摩羅什的說法是說般若是像金剛般堅硬的東西；而玄奘的說法是：般若是能斷金剛的。玄奘、鳩摩羅什兩位史上偉大的翻譯師對此有不同的看法，現今普遍流通則是鳩摩羅什的《金剛般若波羅蜜經》譯本。

《金剛經》像世間最堅硬的金剛一樣，能粉碎一切的不善、一切的迷執，徹徹底底將之粉碎，所以它有無雙的、光明的、金剛般的威力。

在佛教中「金剛」被廣泛地運用，常以金剛來作為比喻。像密教的法器：金剛杵，金剛代表不壞，也代表智慧，所以也稱為金剛智杵，意即堅固的智慧之杵，傳說金剛杵本來是帝釋天的金剛神或大力金剛所使用的武器，在密教中則轉化成摧破無明煩惱而成就佛陀智慧。因為金剛石在人間器物中，是切割銳利、堅硬，萬物不能加以摧毀的東西，他是明淨、透明的。密教後期亦有「金剛乘」之稱，這也是代表著金剛道、無上之道。

有時候金剛是轉輪聖王的七寶之一，金剛極為堅固，任何物質都不能破壞，所以在佛經中，最高的禪定境界亦以金剛命名，稱為金剛喻定。

般若是有力的，不是無力的，能像金剛一樣，能運作、能荷負、不會毀壞。尤其是它能除去一切迷執、一切罪惡的根源、心的迷惘、心的無明。它能摧碎無明，摧碎無明之後，我們不再迷執，就能得到解脫，就能得到真實的快樂，永遠離苦得樂，這就是金剛的意義。

般若是「智慧」的意思，般若是一切諸法實相，不可破、不可壞。所以菩薩安住於般若波羅蜜，即是安住於實相般若當中。

透過《金剛經》的修持，我們可以得到般若智慧、見到實相，即使未能看到這個實相，實相還是一樣；實相不會因為我們看不到，而使得我們沒有能力去獲得證悟實相的能力，所以我們證悟實相的能力，從來也是不生不滅的，亦是不來不去，也是不增不減的。

◆宣講金剛經的地點

在鳩摩羅什所翻譯的《金剛經》中記載：「如是我聞：一時，佛在舍衛國祇樹給孤獨園，與大比丘眾千二百五十人俱。」描寫出佛陀在舍衛國祇樹給孤獨園宣講《金剛經》。

佛陀在祇樹給孤獨園宣講《金剛經》

祇樹給孤獨園位於中印度憍薩羅舍衛城南方。相當於現今尼泊爾南境，近於拉波提（Rapti）河南岸的塞赫特馬赫特（Sa-het-mahet）。佛陀曾在祇園精舍度過許多雨季，也曾在此園宣說多數經義法要。

祇樹給孤獨園或稱為祇園精舍、祇園，祇樹是指波斯國王的太子逝多的園林，給孤獨是舍衛城的長者，此精舍的土地原是逝多太子所有，須達長者想要收購其地來建設精舍獻給佛陀，於是依太子所提的條件，以金錢布滿園中之地，太子感懷其誠心，於是布施園中所有林木，兩人合建精舍，所以名為祇樹給孤獨園。

《金剛經》的版本

我們現在所使用的版本多是姚秦三藏法師鳩摩羅什所翻譯的。此經在中國自古以來有六種譯本：

(1)姚秦三藏法師鳩摩羅什的譯本，也就是我們現在所使用的版本。

(2)北魏菩提流支所譯的譯本，也譯為《金剛般若波羅蜜經》。

(3)陳代真諦的譯本，名稱也是《金剛般若波羅蜜經》。

(4)隋代達摩笈多的譯本，名為《金剛能斷般若波羅蜜經》。

(5)唐代玄奘大師所譯的版本，在《大般若經》卷五百七十七的能斷金剛中，稱為《能斷金剛般若波羅蜜多經》。

(6)唐代義淨所譯的《能斷金剛般若波羅蜜多經》。

在中文裡總共有這六種版本，而在名稱上有兩種：一是《金剛般若波羅蜜經》；二是《能斷金剛般若波羅蜜經》。在其意義上也有兩種：一是不壞宛如金剛一般的般若波羅蜜經；另外一種說法是能斷金剛，連金剛皆可斷的般若波羅蜜經。以上兩種說法都代表這部經它是一部堅固、能破除一切迷惘，現證般若的經典。

雖然有六種不同的譯本，但是在中國，不論讀誦、講說、註釋，向來都是依據鳩摩羅什翻譯的經本。本書的版本，亦是依於鳩摩羅什的版本。

◈《金剛經》的譯者——鳩摩羅什

在中國經常流通的《金剛經》，大都是鳩摩羅什翻譯的經本，我們瞭解一下這位偉大翻譯的生平。

《金剛經》的譯者：鳩摩羅什

鳩摩羅什天竺人，自幼聰穎，七歲時跟隨母親出家，以童稚之年，隨著母親橫度戈壁沙漠，參訪明師，年輕的羅什即聲譽益著。參學十年歸國，展開一生矢志不移的弘法事業。

鳩摩羅什命運多舛，以俘虜之身，首途中國，歷經二十年的挫折，終於抵達長安，當時他已經五十八歲，六十六歲時入寂，在八年之間，總共翻譯經論等三百餘卷，使中國的佛教徒對佛教有更完整的了解，大乘佛教根本教理的移植與弘傳，鳩摩羅什功不可沒。

◆掌握金剛經的方式

當我們要深入《金剛經》，依經教而行，最重要的是確實地掌握《金剛經》的核心思想，也就是掌握本經的根本見地，所以當我們要修持、實踐《金剛經》的教義時，必須先明解其根本見地，並且與經義相配合來閱讀。確實把《金剛經》的見地弄清楚，慢慢地在日常生活中隨手拈來都可以運用，然後漸漸進入《金剛經》所顯現的最圓滿的境界中。

除了掌握《金剛經》的精要外，將五千多字的經文背誦起來，這樣也可以幫助我們時時憶起，常常體會《金剛經》的內意，在否定與肯定的交互語言中咀嚼個中的深意，當因緣際會時，甚至可以在當下截斷生死輪迴的無明心，所以背誦比浮泛地讀過，更能融入我們的修持中。

經過背誦、修持的階段，再逐漸地能夠在日常生活中實踐，而不是修行是一回事，生活又是另一回事，修持《金剛經》好像完全與生活不相關。我們不僅要深刻瞭解《金剛經》的深意，更要依《金剛經》的觀念來生活，將《金剛經》應用在生活的每一部分。當我們遇到困難、煩惱無法解決時，會適時憶起《金剛經》是如何處理這個部分，直接將《金剛經》實踐運用在生活中，處理我們生活中的問題，實踐《金剛經》所描述的生活，如此才能徹底實踐《金剛經》的生活。

直接將《金剛經》實踐在生活中，將生活的境界昇華，那麼，我們所做所行都是《金剛經》的生活。

◆受持金剛經的功德

《金剛經》自古以來很多持誦者有很多的感應，這也是個很特殊的現象，一般都認為《金剛經》只是一部講空性智慧的經典，其實它更是一部功德外現、福德妙有，教導我們得到真實福德，能夠給予大眾深刻感應的一部經典。以這個立場來看，《金剛經》妙有的大用是很不可思議的，所以能帶給持誦實踐者莫大的功德利益。

在許多佛教經典中，《金剛經》是極為殊勝的一部經典。如經中說：「一切諸佛阿耨多羅三藐三菩提法，皆從此經出。」所以受持本經，所得的功德，實在不可思議。在本經中，前後就出現了八次校量功德。

在〈依法出生分〉中出現第一次的校量功德，以三千大千世界的七寶布施，來比較受持此經以及為他人宣說的功德勝劣。經中說：「若復有人於此經中，受持乃至四句偈等，為他人說，其福勝彼。」在〈無為福勝分〉中第二次的校量功德，若以恆河沙數三千大千世界的七寶來布施，仍然不及受持本經的功德殊勝。經中說：「若善男子善女人，於此經中，乃至受持四句偈等，為他人說，而此福德勝前福德」。

在〈如法受持分〉中第三次的校量功德，不再以外在的財物布施，而是用內在的身體性命來布施，而且以恆河沙數如此廣大數量的生命來布施，仍然不及受持本經及為他人說法的功德。經中說：「若有善男子善女人，以恆河沙等身命布施；若復有人，於此經中乃至受持四句偈等，為他人說，其福甚多」。

在〈持經功德分〉中出現第四次的校量功德，於每日三時以恆河沙數生命布施，而且不是一天、兩天，而是經過無量百千萬億劫的長久時間都是如此，可是所獲得的功德，仍然不及受持、為人解說此經的功德。經中說：「若復有人聞此經典，信心不逆，其福勝彼，何況書寫、受持、讀誦、為人解說」。

在〈能淨業障分〉中第五次的校量功德，以佛陀供養無量諸佛所獲得的功德，來比較受持讀誦本經所獲得的功德。經中說：「若復有人於後末世，能受持讀誦此經所得功德，於我所供養諸佛功德，百分不及一，千萬億分乃至算數譬喻所不能及」。

在〈福智無比分〉中第六次的校量功德，就全經而言，雖然是第六次校德功德，卻是在方便道中的第一次校量功德，所以同樣是以七種珍寶布施，在前階段的般若道中，以滿溢三千大千世界的七寶布施，在此卻將七寶聚集如須彌山那樣高的數量來布施，其功德當然更大，但是仍然不及受持、為人宣說此經所獲得的功德。經中說：「若人以此般若波羅蜜經乃至四句偈等，受持、讀誦、為他人說，於前福德百分不及一，百千萬億分乃至算數譬喻所不能及。」

在〈不受不貪分〉中出現第七次的校量功德，如果有發大心的菩薩，以充滿恆河沙世界的七寶來布施，其所獲得的功德，當然是廣大無邊的，但「若復有人，知一切法無我得成於忍，此菩薩勝前菩薩所得功德。」

在〈應化非真分〉中第八次的校量功德，是以充滿無量阿僧祇世界的七寶來布施，與受持此經的功德比較。經中說：「若有善男子善女人發菩提心者，持於此經，乃至四句偈等，受持、讀誦、為人演說，其福勝彼。」

從以上多次的校量功德來看，受持《金剛經》的功德真是無比殊勝。且以七寶的財施而言，雖然可解決人們物質生活匱乏的痛苦，但是仍然無法解決根本的問題。再以生命的內施而言：如以生命布施，其功德當然比財施來得更大，但是，同樣的並不能真正解決眾生的根本問題。再從福德與智慧的角度來看：以七寶財物布施，這只屬於修福，受持、為人宣說《金剛經》，則是法施，自利亦利他，這樣的功德亦不是財施或內施的功德可比擬！

因此，我們應該受持《金剛經》，並為他人宣說，其福德真是不可計量。

金剛經的構成

整部《金剛經》所敘述的是從發起無上菩提心直至成證無上正覺的過程。所以成證菩提與發起菩提心成為貫穿全經的核心；事實上，也是如來從無上正等正覺的立場來護念、付囑教授發菩提心的菩薩，來成就如來大覺的佛果。

◈金剛經與三般若

《金剛經》以「無相」為其本體，「無相」即是實相，相應於三種般若的說法而言，即是屬於「實相般若」。

《金剛經》以「無住」為其宗旨，「無住」即是般若之體，能出生實相智慧與方便智慧，破除空與有雙邊，直至成證無上菩提，這就是「觀照般若」。

而在經中透過佛陀與須菩提的兩重問答，以降伏菩薩的心，來詮述諸佛菩提與般若智慧的教法，即是「文字般若」。

而般若的現觀即是「無住」，無住能遠離於一切相，而出生一切菩提。般若沒有定相，如《金剛般若疏》卷一中所說：「般若無有定相。隨緣善巧，義無不通。而正般若未曾境與不境，智與不智乃至因與不因，果與不果。方便隨緣，在因名因、在果名果、在境名境、在智名智。故果、因、境、智必得名悉得。如肇師云：『原夫能境、智、因、果者豈境、智、因、果之所能，良以非境、非智、能境、能智、非因、非果，能因、能果等耳』」。

◆金剛經的修道次第

所以從初發心到究竟正覺，都是一如的實相——無相。而從無住生心，見一切諸相非相行於菩提道，而不住於「有」邊來成就「般若道」，而後再以方便力不住於涅槃，成就「方便道」，直至無上菩提。這也就是《金剛經》中佛陀所宣示的：「佛說般若波羅蜜，則非般若波羅蜜」與「如來說：第一波羅蜜，非第一波羅蜜，是名第一波羅蜜。」

二道、三般若配合在《大品般若》中的五菩提原即構成完整的修道次第。《大智度論》卷五十三中與《大乘義章》卷十二都總約說明以般若道配合一、發心菩提，二、伏心菩提，三、明心菩提為初發心直至六地。而方便道配四、出到菩提，五、究竟菩提為七地直至佛地是十分合理的。

二道五菩提——龍樹菩薩對般若經典的體悟

- 般若道
  - 發心菩提
  - 伏心菩提
  - 明心菩提
- 方便道
  - 出到菩提
  - 究竟菩提

般若道是我們從初發心開始，到修學般若的一個歷程，最後悟入般若的歷程。方便道是從我們成就般若智慧到圓滿無上大覺的歷程。二者都可以說是般若道，是大般若道。

在修行的過程中，當我們脫掉無明我執產生智慧時，卻開始去執著智慧，就產生了智慧的執著，也就是般若執。

因為有般若的執著，所以要以大般若來出般若，這個叫做方便力，所以稱為方便出般若，因此才有兩道的分別。

解讀金剛經

第2章

修持《金剛經》除了閱讀經文之外，還得自己實踐與修證，如此才能真正貼近《金剛經》。我們可透過三個階段或者說三種般若來結合「閱讀」與「實修實證」。這三個階段分別是：「文字般若」、「觀照般若」及「實相般若」。

◆解讀金剛經的三個階段

第一個階段的「文字般若」，就是對《金剛經》經文的了解，能夠貫穿文字的含意，而建立正確的思惟與觀念。這個階段，就好比我們擁有一張正確的地圖，可以幫助我們到達目的地。

第二個階段的「觀照般若」，這時不僅止於了解《金剛經》的文字，更進一步能統攝經文中的觀念，並與生活相應，生活中就依照經典的精神來實踐。漸漸深化，到心念、言語、行動，日常的生活所行都不離《金剛經》的智慧。這個階段就好比我們依照地圖，實際行動，日漸趨近目的地。

第三個階段是「實相般若」，經過不斷的實踐、純熟，到最後經典中的境界現前，不必再經過意想分別，就是這樣如實的境界。這就好像我們按著地圖走到了目的地一樣。

其實一切都是實相般若，但是我們在實相般若裡面，卻因為我們有煩惱，對實相的不理解，所以我們必需觀照實相，可是，我們也不知道如何觀照，所以必需文字的指導，也就是文字般若。所以一切都是匯入於實相中。其實我們不觀照也是實相，但是問題就出在我們有煩惱，雖然我們知道煩惱是假的，但是我們還是會煩惱，所以就用方法說明次第來讓我們切入。佛法本身就是指導我們能真實成就的方法。

這一切我們都匯整到實相般若，文字也是實相，空海大師的《聲字實相義》中，就把音聲、文字、語言全部也稱為實相，其實觀照文字本身，一切都是實相，一切都是諸法。修行到最後的階段時，是沒有次第，但是在前面的階段，對我們的修行來講是有次第的。

透過《金剛經》的修持，可以讓我們成證實相般若，但是，無名煩惱眾生的我們，要成證無上的大智慧、無上的般若，我們應如何做呢？我們必須產生觀照智慧，而《金剛經》就是指導我們觀照真正無上智慧的一部經典，它教導我們從如何發心、降伏自心，這就是修習觀照。

接著又教導我們如何明心。

明心的心是清明、明朗的照見覺悟，有了這觀照的智慧之後，就能夠產生妙用，最後成證無上菩提。

所以觀照般若就是我們發心修行，到成證實相般若的過程。要懂得觀照就是要學習禪觀。當然我們需要有指導者：而整部《金剛經》就是在指導我們如何修持，所以經中的文字般若，就是指導我們去修證。

我們依著《金剛經》的文字來起觀照，透過觀照之後，來證成實相的無上菩提。這就是我們所謂的「金剛般若波羅蜜多」。

法會的起因與由來

經文

如是我聞：一時，佛在舍衛國祇樹給孤獨園，與大比丘眾千二百五十人俱。爾時，世尊食時，著衣持鉢，入舍衛大城乞食。於其城中次第乞已，還至本處。飯食訖，收衣鉢。洗足已，敷座而坐。

白話語譯

這部經典是我阿難聽聞佛陀的開示之後，如實宣說的。

當時，佛陀在舍衛國祇樹給孤獨園與一千二百五十位大比丘眾相聚在一起。這時，世尊穿著僧衣，持著缽具，進入舍衛大城乞食。在城中，不分貧賤，平等次第乞食，乞食完畢後，返回祇樹給孤獨園。當佛陀用餐畢，收起衣服和缽具，洗去足上的塵垢，敷舖座席，然後開始教化弟子。

解說

《金剛經》從〈法會因由〉開始，由阿難尊者娓娓道出佛陀平常心的生活。

◆金剛的信心

「如是我聞」依據傳統的說法：在佛陀滅後不久，有五百羅漢在王舍城舉行第一次的經典的結集時，阿難在與會大眾前誦出經文；而在誦出經文之前，都先說：

「如是我聞」——表示這一部經是阿難從佛陀前親耳聽聞。

如是我聞——阿難誦出佛經的因緣

阿難是佛陀的一位侍者，佛陀要求他當侍者時，他曾經與佛陀有個約定，他要求佛陀將曾經說過的法，再全部對他講過一次。他想要聽聞佛陀所講過的全部法要，而佛陀也欣然同意。所以說，會留傳下這麼多完整的教法，與阿難這樣的心願有關。另外，依例阿羅漢無法當佛陀的侍者，因為阿羅漢是眾生福田，不能做如來的侍者。所以阿難一生跟隨在佛陀的身旁，他都沒有證入阿羅漢的境界，他只有得到初步的開悟，得法眼淨，得到初果。直到佛陀入涅槃時，為了集結經典，大迦葉逼阿難精進修持，阿難到最後得到「電光三昧」成證為阿羅漢之後，才開始與聖眾共同集結經典，在大眾之前誦出佛陀的法要，這是阿難誦出佛經的因緣。

「如是」在此是指就是這本《金剛經》。「如是」還有其他的意義是表「信」。在佛法中，「信」是指對佛、菩薩或教法等都完全不起疑心的一種心靈或精神的作用。因此在俱捨宗或是在唯識宗裡頭，都將之當作善法。

所以「信」就是如是；「不信」，就不如是。所以「如是」在這邊的意思就變成信賴所聞的教法，信賴這個金剛般若之道，這金剛般若讓我們產生不壞的金剛行。從我們的心信仰、信賴這如是的《金剛經》，這確實是阿難聽聞佛陀所說：佛陀所建立的金剛之道。

阿難說這是我親耳所聽聞的，「如是」是所聽聞的法，而「我聞」是能聽聞法而成就的人。

在此，我們要瞭解佛法對「我」的基本看法。我們知道佛法講的是「無我」，在《金剛經》中就明白記載「無法、無人、無眾生、無壽者」，都是無我，而在經文的一開頭就出現「如是我聞」，或許你會生起懷疑：這是否與佛法的內容相違呢？佛法不是講無我嗎？為什麼每一本經都講「如是我聞」呢？這不是執著「我」嗎？

其實除了佛法之外，世間的一切學問或是宗教大都建立在「我」的根本上。而這個「我」，可以是一種精神的作用，超越一種存在的我。那麼這個我的建立，他本身有包含著一種自我的「相續」、自我的不變性存在。

佛法的無我，不是否定我們現在的存有，而是否定我們執著自身的存有。佛法的無我是要破除我們對這現象的執著，因為這些現象本來就是依於因緣所成，所以這個現象自身，就是無我的。

而在無我當中，我們誤以自身的存有為我，這才是我執。但是當我們看到這現象時，我們知道這本來就是因緣法所生，因緣法所生就是無我、就是無常，因緣法所生就是空。

如果我們這樣來理解，無我是這個現象的本質，那麼，我們就沒有任何執著。所以當我們講「我」的時候，也不會產生我執了。簡單而言，在無分別的心念當中，種種現象的現起，只是不斷在因緣中變化罷了。

當我們強立一個「我」時，在這裡頭有幾種認知。我們眼前所看到的現象，是不斷在改變的我們的精神，物質作用不斷在改變，眼、耳、鼻、舌、身、意六根也不斷在改變；但是，由於我們的智慧不足，觀照力不足，所以這時候會誤以為這個是我，或誤以為那個內在的是我。

本來我只是在這個因緣中的現象而已，結果我們把這個因緣當作我，這宛如在一個分別之中畫了一個圈。這個「我」會不斷的擴張，從自身的存有開始，「我」的精神、「我」的意識，乃至我們的身體，我們所擁有的東西，都會一直往外擴張，對於事情的錯誤見解越強，我執也就越強；我執越強，就越受到輪迴的影響，而越沒有辦法悟道、解脫。無我其實很簡單，就是將錯誤的認知拿掉就好了，把劃分你我心中的那條線去掉，將錯誤的看法，虛妄的東西拿掉，而不需破壞任何的現象。

如是我聞的「我」是指時空因緣中的阿難

所以無我本身不會把我消滅掉。因為要把我消滅掉，本身不是無我。因為你要把「我」消滅掉，必需把「我」當作實有，再去把「我」消滅掉。總而言之，其實無我就是無常，就是因緣法，所以龍樹在《中論》中說：「因緣所生法，我說即是空，一名為假名，一名中道義。」空就是假名、也就是中道，也就是因緣法。

在原始佛法中，當初佛陀講說一個根本的觀點：「有因有緣世間集，有因有緣世間滅；有因有緣集世間，有因有緣滅世間。」

「如是我聞」跟無我有沒有衝突呢？在佛法中並沒有衝突。因為如是我聞的「我」，只是告訴我們這是在時空因緣中的阿難。

◆平常心的生活

從〈法會因由〉開始，示現了一件平常事。「一時佛在舍衛國，祇樹給孤獨園，與大比丘眾，千二百五十人俱。」——這是一位平常的老和尚，這位老和尚名叫釋迦牟尼，這位老和尚有一天，在舍衛國祇樹給孤獨園，與大比丘眾千二百五十人相聚在一起。

在這裏，我們可以看到佛陀與他的僧團共聚。在此「僧」指的是集合體的意思，所謂的「僧」並不是單指某一個出家人，而是一個團體叫做「僧」，而「僧」就是和合團體的意思。

以佛陀當時的時空背景，我們可以分成兩個層次來看釋迦牟尼佛和其弟子的關係，一個是在教學上，釋迦牟尼佛是一位老師，他知道弟子適合修什麼法，而給予適當的教授。如果是瞋心特別重、常常動不動就想罵人的弟子，佛陀就教授他慈心觀①；如果貪心特別重，佛陀就教授不淨觀②；對於愚笨的弟子，就教授因緣觀③。佛陀會觀察弟子的因緣、狀況，來授與不同的方法。所以在修學上，釋迦牟尼佛是一位導師。

而在生活上，佛陀是屬於僧眾裏的一份子。舉一個與生活比較貼近的例子讓大家瞭解：如果現在有三十個人去郊遊，釋迦牟尼佛說去陽明山玩！而大家認為那裡不好玩，認為去北海岸比較好玩！結果表決二十五票對五票，就決定去北海岸，釋迦牟尼佛的那一票還是會被否決掉。所以，佛陀是僧團的一份子，與大家平等平等。在生活上，當然他有建議權，因為佛陀的智慧高，但是決定權仍然屬於大眾自己。

人間行道的佛陀

像當初提婆達多建議大家一定要穿不好的衣服，在樹下修苦行，不准吃葷食——

因為當初印度都是沿門托鉢的，人家給他什麼便吃什麼，沒有選擇的權利，所以吃素吃葷不一定。結果釋迦牟尼佛的答案是因為與解脫無關，所以他不制定。

這是我們要瞭解佛教的基本態度。並不是老師所說的一切，我們都要遵循跟著他走，而是我們應該以智慧來判斷決定所要走的路。釋迦牟尼佛和僧團的關係就是如此。

「爾時，世尊食時，著衣持鉢，入舍衛大城乞食。於其城中次第乞已，還至本處。飯食訖，收衣鉢。洗足已，敷座而坐。」這段話，表現出佛陀的食、衣、住、行，和他與大眾的關係。在這裏，佛陀過著平常的生活，吃飯睡覺，都是平常事。一位人間的佛陀，赤裸裸的展現在我們面前。

釋迦牟尼佛在本經中的出場並沒有奇特的現象，只是著衣、持鉢、乞食、洗足等日常生活為發起。顯現出平常的人間佛陀。《金剛經》的獨到之處在此，顯現出般若大法的特色。人間佛陀出現了，他就是如是展現，這是一位平常的佛陀，人間的佛陀。這就是佛陀對我們的示現。

經文中的「爾時」是指那個時候。

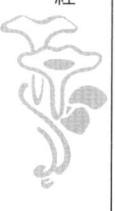

「世尊」，亦音譯為薄伽梵，或婆伽梵（Bhagvat）。佛陀有十種名號，總稱為世尊。而如來（Tatagata）也是十種名號之一。

「食時」指乞食的時間，玄奘及義淨都譯作「日初分」。古印度將一晝夜分為「六時」，日初分大約相當於早上六時至十時。

「著衣」：即比丘所著的袈裟，通常出家比丘著有三衣。僧團制度，平時穿安陀會（Antarvas），說法加穿鬱多羅僧（Uttarasng），乞食或聚會則加穿僧伽梨（Sangkati），三衣通名袈裟（Kasaya），即為雜色的意思，因諸衣均由雜色方布聯綴而成，只有布塊數目不等的差別。

「鉢」為乞食的器皿，皿梵名為鉢多羅（Patra），意為應量器，即大小與自己的食量相應的器皿。如此不會因為器皿小而乞食不飽，也不致於因為器皿過大而多乞，導致貪念。

「入舍衛大城乞食」，「乞食」是佛教特有的制度，屬於戒行。佛陀立下這個制度，因為乞食有幾個重要的意義：一、可以折伏自我的驕慢；二、不會貪於口腹之慾；三、專心一意於修行道上；四、不會蓄積；五、可以生起慚愧；六、可以讓一切人減少慳吝之心而增長福德。所以乞食含有自利、利他兩大利益。在中國，由於環境的特殊，所以不宜乞食制度。而在南方佛教國家，像泰國至今仍然遵循這個制度。

「於其城中次第乞已」是描述乞食的經過。所謂次第，是指挨家挨戶依次而乞，不可以任意加以揀擇，也不可以越過貧賤之家而乞食富貴的人家，不分貧賤富貴都依次乞食。

在佛經中記載了關於乞食的故事：迦葉尊者乞食時，專門到貧苦窮困的人家中乞食，從來不到有錢的人家托鉢。有人問他為什麼有這樣的行徑？他的理由是：窮人之所以為窮人，以佛法的因果論來看，這是由於他過去沒有布施種植福德，所以我想讓他們今生多種植福德善根，於是捨棄乞食於富人。而解空第一的須菩提尊者，則與迦葉尊者恰恰相反，專門至有錢人家托鉢，而不向窮人乞食。而他的理由是：富人之所以為富，都是由於過去的福報所致，然而這些福報也有窮盡的時候，希望他們繼續修持福德，來生繼續享有福報。雖然二位尊者各有其用意，但次第乞食，則是為了讓我們平等行慈，心無分別，是合理的軌則。

「還至本處」，「本處」是何處呢？當然是祇孤獨園，這是顯而易見的，為什麼要特別說明呢？是因為大家不知道「本處」是祇孤獨園嗎？這是告訴我們：有時候想到、看到家而不想回家時，要學習佛陀「還至本處」，家總是要回的，這些都是平常話，平常事。

「飯食訖，收衣鉢，洗足已，敷座而坐。」這是佛陀平常生活的場景，經上並沒有如下描述說：啊！佛陀吃飯的時間到了，他不需要出去托鉢，一彈指，紫金鉢、天廚妙供就現前，再一彈指，就吃飽了，然後又浮身空中，自然升起師子寶座，四大天王在底下托著。《金剛經》中所說的完全不是如此！佛陀是一切都自己實行，帶著一大群人入舍衛大城乞食，臉上掛著微笑，在陽光的照射下，莊嚴地持鉢，有秩序祥和地一步步、一家家的，不分貴賤的次第乞食，乞食完畢之後還至本處，吃飯、收衣鉢、洗洗足上的灰塵，鋪好座席，然後開始教化弟子。

佛陀在《金剛經》中所展現的是一種平實、在人間行道的佛陀，他到城中托鉢，一一乞食，回來就洗足而趺坐。他在人間雖是這樣平實的示現，但他的境界卻是金剛三昧——最究竟最圓滿的境界。

註釋

①慈心觀

是大乘菩薩修慈悲行的根本。意即觀想一切眾生普遍受樂的三昧。

②不淨觀

指觀想自他的色身不淨，來對治貪欲的觀想方法。

③因緣觀

又稱為緣起觀，是以十二緣起來對治愚癡的煩惱。

長老須菩提的啓請

經文

時，長老須菩提，在大眾中，即從座起，偏袒右肩，右膝著地，合掌恭敬，而白佛言：「希有世尊！如來善護念諸菩薩，善付囑諸菩薩！世尊！善男子、善女人發阿耨多羅三藐三菩提心，應云何住？云何降伏其心？」

佛言：「善哉！善哉！須菩提！如汝所說『如來善護念諸菩薩，善付囑諸菩薩。』汝今諦聽，當爲汝說。善男子、善女人發阿耨多羅三藐三菩提心，應如是住，如是降伏其心！」「唯然！世尊！願樂欲聞！」

白話語譯

那時，長老須菩提從衆人當中站了起來，偏袒右肩，右膝著地，雙手合掌向佛陀恭敬說道：「真是希有啊！世尊！如來善於護念諸菩薩，善於付囑諸菩薩。世尊，發起無上菩提心的善男子、善女人應當如何安住他的菩提心？如何降伏他的心而安住在無上菩提呢？」

佛陀說：「善哉！善哉！須菩提，正如你所說，如來善於護念諸菩薩，善於付囑給諸菩薩。你現在用心仔細的諦聽，我當為你們宣說：發起無上菩提心的善男子、善女人，應該如是安住其心，如是降伏他的心，以安住在無上菩提。」

須菩提說：「是的，世尊！我祈願樂於聽聞。」

解說

本段經文展現的是開經的主旨，由須菩提（又名為善現）啟請詢問佛陀，發起無上菩提心的人應當如何安住無上菩提心？如何降伏菩提心的障礙？

◆大智慧之流——須菩提

須菩提（Subhuti），為佛陀的十大弟子之一，稱為「解空第一」。須菩提意譯為空生，又為善現。相傳他出生之時，家中的金銀財物忽然不見，所以稱為空生。之後過了七天，金銀財物又復出現，所以又名為善現。

解空第一的弟子須菩提要抉擇甚深的空義時，他對佛陀行禮如儀，在大眾中即從座起，偏袒右肩，右膝著地，合掌恭敬地對佛陀請問。

從此中我們看到一位解空第一的人卻是那麼地恭敬，一種從內心真實的感動而顯起的尊敬，這種禮拜本身是柔軟的，合掌本身也是柔軟的，這種尊敬本身是很如實的，但這裡沒有恐懼、威逼，唯有自然。

就須菩提而言，他解空第一，他了悟諸佛是空性，他這樣的禮敬與一個凡夫俗子或一個認為佛身禮拜有功德者的禮敬是有所不同的。這禮敬是解空之後的恭敬，沒有空的恭敬就是世俗的恭敬，解空後的恭敬才是甚深的禮敬。

《金剛經》的請法者——須菩提

所以能解空也須要知道空性的次第，而且次第是清楚的。空越大則越清楚明晰，就像海面上影現一切一樣。它實際上是空的，卻是層層清楚明白。一個對空對般若最徹底瞭解的人，在每一個當下，都是如實去做，沒有一絲勉強，完全自然，這是全體的共同自然表現。

◆如來與菩薩的誓約

「希有世尊！如來善護念菩薩，善付囑諸菩薩。」這是須菩提對佛陀的稱讚。如來善護念，就如同母親或父親護念子女一樣。所以如來善護念菩薩，他要守護他、懷念他；而且不只護念，還有付囑他佛陀的事業，佛陀所做的一切事情，都是為了讓菩薩成就無上證覺、成就佛事。

所以說「法付法子，法王無事」；法王就是佛陀，把法交付給佛子，讓他去執行、實踐。而佛陀護念他、教育他、付囑他，這是一位佛陀對一位菩薩做的；所以佛陀善巧的護念菩薩、付囑菩薩。

其實付囑不只是交代的意思，而是有交付的意思，付囑其實還有一種比較深刻的意味，佛陀不只是交付菩薩而已，還有觀照的意味，所以在心境上彼此會更貼近。就好像父親要離開的時候，他囑付交代兒女事情。

所以付囑本身，不只是外相的交付，還有菩提心的增長，是與我們內心深層的相應。所以在佛法中不會只用交代這樣名詞，因為「付囑」可以說是菩提心的相應。

如果從體性上來講，如來從來不曾間斷地護念著我們的身心，使我們不踰越，而不斷朝著最圓滿的阿耨多羅三藐三菩提前進。所以佛陀不斷的教誡我們，要行善離惡、不要忘失自己的菩提心，對一切眾生做永恆的救濟。這是我們自性的菩提心、自性的如來，喚醒我們以身體、語言、心意來完成菩提大道。

須菩提對佛陀教化菩薩所運用的善巧，早已有了深刻的體認，所以在此讚揚如來，歎為希有！

◆無上菩提心的發起

「世尊！善男子、善女人發阿耨多羅三藐三菩提心，應云何住？云何降伏其心？」這是長老須菩提在讚美世尊後提出的問題，點出一切修行菩提大道的人的總方向。這是我們修行的總綱，也是修學菩薩道的總綱。

「善男子、善女人」，可以指之前所說的諸菩薩，又可總說僧俗七眾、八部、三乘人等。男子、女人而稱為善者，明顯是指具有善根的男子和女人，但是不管我們善或不善，在此修學《金剛經》的我們都來當善男子、善女人。

當我們閱讀經典時，一定要不斷提醒自己，經中的「善男子、善女人」其實是指我們自身。所以在讀經時，不要遠離經典，讀經是要與經典相應。讀誦經典是要誦入心中，或是把自己投入經中來誦持。雖然已經是兩千五百年後的今天，但是我們讀經時，就如同佛陀就在我們面前，在祇樹給孤獨園的金剛寶座上為我們宣說佛法。

如果能夠直接參與經典中的盛會，當經中的場景浮現在我們的腦海中時，我們心中自然會生起更深一層的感受。

「發阿耨多羅三藐三菩提心」的「阿耨多羅」是無上的意思，「三藐」是正等，「三菩提」是正覺。無上正等正覺心即是成佛之心，也就是發起無上菩提心。

所以菩提心是一切諸佛的種子，是長養淨法的真正良田，所以發起無上菩提心，就能迅速成就無上正覺。因此無上菩提心，是每一位大乘菩薩都要發起的。一個發起無上菩提心的人，就是要成就圓滿的人。

發起無上菩提心的人，不只是成就自己生命的圓滿，也要成就一切生命的圓滿；他不僅成就內心世界的圓滿，並且成就外在一切環境的圓滿，讓世間成為淨土。

所以，發起無上菩提心就是發願救度無量無盡的眾生，有無量無邊的眾生就有無量無邊的煩惱，為了要斷除這些煩惱，我們要了知一切空、如幻，如此心中不會生起驚怖；同時為了幫助無量眾生，我們必須學習無量的法門，直到我們與眾生都成證圓滿的佛陀。

所以在四弘誓願，其中一個誓願是「法門無量誓願學」。這「法門」的意義，除了深邃的禪法之外，更廣義的說：譬如到海外弘法，學習當地的語言以利於溝通與傳法，這也可以說是一種法門。像當年佛陀說法不常用標準梵文，佛陀鼓勵以方言教學，幫助人們以他們習慣的語言來瞭解佛法；因為使用習慣性的語言會與他們的心念相合在一起，容易接受、吸收、也容易開悟，這其中是有著深刻因緣的。

所以每個人依於自己的生活、經驗、因緣，將菩提心放在其上，把四弘誓願放在其上，慢慢地擴增到每一件要做的事情上，當菩提心發起之後，才開始進入修行，也就是開始菩提心的修行。

「應云何住？云何降伏其心？」一位發菩提心的人，應如何來安住他的心，如何來降伏他的心？這是很重要的。從一個菩薩行的修持開始，到修持的終點，都是在此。佛陀在這個問題上做了一些回答。

另外一提的是鳩摩羅什所翻譯的只有這兩大問題，但是魏與隋唐的譯本，除了這兩句之外，再加上「云何修行？」

「佛言：『善哉！善哉！須菩提！如汝所說：如來善護念諸菩薩，善付囑諸菩薩。』」這是佛陀印證長老須菩提所說的話。

「汝今諦聽，當為汝說。善男子、善女人發阿耨多羅三藐三菩提心，應如是住，如是降伏其心！」這是一個印可，佛陀擁護眾生，永遠護念一切菩薩。同樣的，如果我們發起無上菩提心，當然為佛陀所護念。

其實，一般的修行人，宛如是一群放逐的浪子，為什麼如此說呢？如果我們是菩薩行者，請問：佛陀何時不加持我們呢？何時不護念我們？何時不咐囑我們呢？可是我們卻常常自我放逐、自我拋棄，甘願做一個流浪漢，逃脫出如來家當一個流浪漢。

佛陀以善巧方便來護念、付囑諸菩薩，所以一位菩薩行者何時不是受佛護念，受佛付囑呢？

當我們讀誦此經文時，如果在此我們心中生起深刻的思惟、體解，我們就受用《金剛經》了。

在初始發起無上菩提心，即入於菩提大海，即入於正覺。在初發心後，應如是安住，如是實踐、行持，如是降伏其心。這才真正開始修行。在實踐這些種種幻相的同時，反觀自心其實一切眾相仍然不離本心。

大乘佛法的眞正宗趣

經文

佛告須菩提：「諸菩薩摩訶薩應如是降伏其心：所有一切眾生之類，若卵生、若胎生、若溼生、若化生；若有色、若無色；若有想、若無想；若非有想非無想，我皆令入無餘涅槃而滅度之。如是滅度無量無數無邊眾生，實無眾生得滅度者。何以故？須菩提！若菩薩有我相、人相、眾生相、壽者相，即非菩薩。」

白話語譯

佛陀告訴須菩提說：「諸位發心的大菩薩，應當如此降伏自己的心：世界上所有一切衆生，不管是卵生的、胎生的、濕生的、化生的，有形色的、無形色的；有心想的、無心想的，非有想、非無想的所有生命形態，我都要度脫他們，使他們證入無餘涅槃而圓滿的滅度。如此度脫了無量無數無邊的衆生之後，在實相上卻是沒有任何衆生得以滅度。為什麼呢？須菩提，假若菩薩有我相、人相、衆生相，或壽者相的執著，那就不是菩薩了！」

解說

佛陀在此段經文中回答如何降伏菩提心障礙的方法，以成就真實的無上菩提。

◆降伏菩提心的障礙

經中說要降伏自心，但在我們的心中會生起：「要以什麼來降伏自心呢？」

如果從法界體性的立場來看，因為心遍一切法界，所以每一個眾生全部都降伏，即是降伏自心，而且從來不見心外有法，不然如是降伏其心，與外界的眾生有何關係呢？因為法界一切眾生即是現前的心，我們是降伏者，不要以為別有其他一切可以降伏，其實只有降伏自心，而且自心是體性空寂。所以，令眾生證入無餘涅槃，只是將妄念還歸於性空之海，而從性空之海中出生大智如幻作用。

如同經文中所描寫的如是降伏其心，如是滅度一切眾生，而實無眾生得滅度者。因為哪有心外的眾生，這個心並不是指我們的心而已，而是遍法界一切的。

因此，唯有「降伏其心」之後，才能夠「如是滅度一切眾生」；注意！不要只看到滅度無量無邊眾生，而是還要看見事實是實無眾生得滅度者。所以三者要串在一起，才能產生大力作用的。

◆生命現象的分類觀察

在本段經文中所舉出的卵、胎、濕、化四生，含蓋了一切生命的出生方式。不管是色界或欲界眾生或是無色界的眾生，統稱三界的眾生。

眾生種類本是千差萬別的，無法一一說明。在佛經中，往往加以類別說明：或分為三界，或分為五趣[1]，或分六道[2]，或分為九類，或分為十二類[3]，《金剛經》中是以九類來說明。於此九類之中，又分為三大類。

從眾生出生的不同形態去分別有四類，即經說的「若卵生、若胎生、若濕生、若化生」。

生是指生命的出現。卵生的有情如雞、鴨、雀、鴿等。先由母體生卵，卵離開母體時，還是未完成生命的卵，必須再加孵化，才能夠脫殼而出，成為新的生命。

胎生如人、牛、羊、馬等，胎生的有情，初長養在母胎中，直到身形完成時，才能離開母體而出生。

濕生的有情如蟲、蟻、魚、蝦等。這類眾生，最初也是由母體生卵而有，但卵離開母體之後，生卵的母體不再過問，由卵本身攝受水分及溫度，經過一變再變，自己從卵而出，成為一個新的生命。

化生的有情，是本來沒有而突然變為存有，只是憑藉著業力的變化而形成，不須要具備如卵、胎、濕三生那樣的形成過程。像天上的眾生，為化生，而地獄的眾生，亦是化生的。其實，卵、胎、濕、化生，只不過是代表眾生而已。

「若有色，若無色」那麼，有色的話，代表有形體的；無色代表只有精神存在。有時無想、非有想、非無想是代表無色界的存在。以上說了如此多種類的生命，其實只是表達救度所有一切眾生，入無餘涅槃。

「涅槃」原是印度話，它的意義包括寂滅、滅度，而玄奘大師將之譯為圓寂。很多人以為涅槃是死亡，其實涅槃是證悟的意義。「有餘涅槃」是悟道成為阿羅漢，有身體的依持支柱；而「無餘涅槃」則是指業障煩惱滅盡、得心解脫、無身體殘餘者。

「如是滅度無量無數無邊眾生，實無眾生得滅度者。」因為眾生的體性是空性，所以我們幫助他們證入涅槃，而其實他們本來就在涅槃界中，並沒有一個真正的自性存在，可以來讓我們幫他們入於涅槃。

所以如果我們還執著「我」滅度眾生，這就是執著有我；如果執著有我，就沒有證入涅槃。因此真正的菩薩，他發起大悲心如是救度一切眾生，然而卻在發心之時，即知道這一切是現空的、如幻的。也正因為一切現空、如幻，所以能夠「如是滅度無量、無數、無邊眾生，實無眾生得滅度者。」菩薩如果執著有我相、人相、眾生相、壽者相就不是菩薩了。

◆斷除四相的執著

人、我、眾生、壽者是《金剛經》中最根本要斷除的四個見，這四見是趨使我們生死輪迴的主要糾纏所在。我相、人相、眾生相、壽者相所講的其實是同樣的東西，都是有情的異名，只是佛陀用這四個面相來探討。

我相

什麼是我相？「我」是主宰的意思，執著有一個永恆的主宰者，是為「我相」。在《金剛經》裡我們要建立的第一個根本見地就是「無我」。不要相信有一個永恆不變的主宰，獨立於我們之中。如果我們執著有一個獨立不變的「我」存於自身的話，這是一個錯誤的見地，這個錯誤的見地會使我們輪迴，無法自在、解脫，使我們對生命做出錯誤的判斷，所以要不執著我相。

人相

人相與我相的差別在於前者是對群體的執著，後者是指對個體的執著。因為我們是人類，人行人法，所以我們以為除了有我之外，還認為我們是人，一個稱為人類的群體中的一份子，與鳥類、植物類、野獸不同的一種群體。這種的群體意識也是要斷除掉的，因為人不過是一個假名，我們把有兩隻手，一雙腿、兩個眼睛，兩個耳朵、一個鼻子、一個嘴巴這樣的一個生命稱之為人，這是人類在現在時空因緣中的樣貌，並不是個永恆的相，所以我們千萬不能執著人相，更不必為此而生起優越感。

眾生相

什麼是眾生相？眾生的意義比人更廣，可泛指一切有情現象的生命。眾生是五蘊——色、受、想、行、識和合的生命，是個有情、有意識、有肉身、有精神的生命。他也只是由因緣和合而生，所以我們千萬不要執著有一個真正的眾生相，當我們執著有一個真正的眾生相時，會隨著眾生相顛倒輪迴生死。

壽者相

什麼是壽者相？壽者是指一期生死的壽命，是指有情從出生至死亡間的時間中過去、現在、未來的流逝。在這一期的生死當中，我們以為此生而生，此死故滅，似乎有一個一定的相存在，但是這不過是個因緣假合。所以生與死是依我們某一期的觀點來看而有生有死，但是，生死並不是確然的。

這只是生命現象的不同觀察，在《金剛經》裡開宗明義就是要我們無我相、無人相、無眾生相、無壽者相。所以修學《金剛經》，首先我們要建立這樣的觀念，並斷除我、人、眾生、壽者四相的執著，這是根本要旨。

所以此段經文中最重要的是發心，要度脫一切眾生進入無餘涅槃，事實上卻沒有一個眾生得滅度。在《文殊般若經》中有類似的語句，經中的內容以白話來說：「諸佛菩薩叫他以心來度化一切眾生，花很多心血來教化一切眾生，使一切眾生成就佛陀。在諸佛界不增、不滅，眾生界也不增、不滅。」如此說來，好像做了等於是白費功夫，如果有這樣的想法就不做了！做或不做的結果怎麼都一樣呢？這其實有很多解釋，但也可以不必解釋。其真正意思其實是：度化了眾生，而心中沒有執著。這樣做就對了，再多的解釋都是畫蛇添足。

註釋

①五趣

指迷界有情所趣的五處，亦稱為五道或五有。即地獄、餓鬼、畜生、人間、天上。

②六道

佛教的宇宙觀用語，又稱為六趣。即地獄、餓鬼、畜生、阿修羅、人、天。

③十二類

指十二種生命型態。即卵生、胎生、濕生、化生、有色、無色、有想、無想、非有色、非無色、非有想、非無想。

無所執住的妙行

經文

「復次，須菩提！菩薩於法應無所住行於布施，所謂不住色布施，不住聲、香、味、觸、法布施。須菩提！菩薩應如是布施，不住於相。何以故？若菩薩不住相布施，其福德不可思量。須菩提！於意云何？東方虛空可思量不？」「不也，世尊！」「須菩提！南西北方四維上下虛空可思量不？」「不也！世尊！」「須菩提！菩薩無住相布施，福德亦復如是不可思量。須菩提！菩薩但應如所教住！」

白話語譯

「再者，須菩提，菩薩對於一切法都應當無所執住而施行布施。也就是不執住於形色的物質相來行布施，也不應執住於聲音、聞香、嚐味、觸感、法意而施行布施。須菩提！菩薩應當如是布施，不執住於眾相之中。

「為什麼？因為如果菩薩能夠不住於相布施，他的福德是不可思議、不可稱量的。

「須菩提，你認為如何呢？東方廣大的虛空可以思議稱量否？」

須菩提說：「沒有辦法啊！世尊！」

佛陀說：「須菩提，南方、西方、北方、東南、西南、西北、東北以及上、下方的廣大虛空，可以思議稱量嗎？」

須菩提說：「沒有辦法啊！世尊！」

佛陀說：「須菩提，菩薩的無住相布施，其福德也是同樣不可思議、不可稱量。須菩提，菩薩只應當如同我所教授的方法，來安住他的自心。」

解說

在本段經文中，佛陀對須菩提道出：菩薩對於一切諸法都應當無所執住而施行布施，菩薩的無住相布施，成就的福德是不可思議的。

「復次，須菩提！菩薩於法應無所住行於布施，所謂不住色布施，不住聲、香、味、觸、法布施。須菩提！菩薩應如是布施，不住於相。何以故？若菩薩不住相布施，其福德不可思量。」

經文中的「法」梵文是Dharma，主要分做兩大類，一大類是一切法；代表一切的事物、一切的現象、一切的物質、一切的精神，種種法界的萬法存在，為了形容這樣一個法，所以稱為法界。另一種就是指教法。在此則是指一切法。

佛陀告訴須菩提，菩薩於法應無所住而行布施，是由於六波羅蜜①的力量。所謂布施波羅蜜，是以布施法來超越生死，而證成無上解脫涅槃的境界。就修行上而言，六波羅蜜本身每一個波羅蜜都會攝入其餘的五波羅蜜，如此才能夠成就所謂的「波羅蜜多」（波羅蜜多是到彼岸的意思）。「布施」則可分為三種布施來說明，分別是：財施、無畏施與法施。

三種布施

財施

一般來講，財施是指錢財的布施。布施錢財可以說是布施波羅蜜的基本，其實「財」不只包括錢財，它包括所謂的外財與內財。外財是指身外的所有的財物，一般的財施，都是屬於外財。在古代印度，我們的子女、妻子、錢財、家園，乃至國王及人民，都是屬於外財；所以在古印度人們會將國土、妻子、兒女，全部都供養。

內財布施像佛陀過去世為摩訶薩埵時捨身飼虎的故事。薩埵太子想盡辦法才讓餓虎盡食自己的身肉，拯救了奄奄一息的老虎。在這樣的因緣中，以現代的說法，佛陀可以說是器官捐贈的先驅，因此，在現代的我們想要施行內財布施，也可以學習佛陀做器官捐贈。

無畏施

無畏施，是指給予眾生無畏，因為在眾生的心靈深層處充滿了種種恐懼。這恐懼的起源是由生命的無明開始。

當無明一念開始生起時，無明會黏滯我們貪心、瞋怒、愚痴三種心念，因為無明是一種執著的展現，所以它會執著貪、瞋、癡三毒，使三毒產生強大的力量。

因此，當無明生起時，每個人的生命走向開始轉動；利用三毒來轉動我們的身體、語言、心意，而產生了三業，三業不斷地造業，致使我們的生命相續輪轉，也就是佛教中所謂十二因緣②的說法。

我們不斷以自我的經驗，來當作我們生命的內容，以經驗來判斷事情，而不是以智慧判斷。由於經驗內容的主要核心是來自於我執，像現在我們自身的樣貌，都是因為過去因緣的聚集，而在現在的時空因緣中展現。因此莫要以經驗來控制我們的生命，我們應該轉化這生命意識為智慧。

當我們的生命進入較深層的意識時，如臨終或生命瀕臨重大危害時，會展現無明的狀態。例如：在水中快淹死的人，他生命中粗莽的形態在此時空因緣下，就會完全展現：當有人要拯救溺水者時，通常溺水者一定會拚命拉扯拯救者，而導致二人都死亡的狀況。這是無明粗暴狀態的極致展現。生命的深層是充滿著恐懼與害怕，這是保護自我、害怕自我消失的恐懼。而人類展現恐懼的方式，有時以柔弱、很可憐的樣貌掩飾自己的恐懼，或是以粗莽的衝擊來掩飾自己的脆弱。

所以，當我們見到此種情形時，不要被此種現象引發的情緒導引，而是要給予真正的「無畏」。看穿人們心靈深層的糾結、脆弱，要讓他們的心得到柔軟、安穩。所以菩薩有「四攝」行，就是布施、愛語（溫柔）、同事（幫助他們相應一如）、利行，以這四種方式來幫助眾生遠離恐懼。像觀音菩薩就有一個名號是「施無畏者」，就是以大悲心來幫助眾生無畏。在此要注意的是：慈悲是「感同身受」，而不是「感同共苦」。如此才能真正給予快樂而拔除痛苦。

在六波羅蜜中除了布施波羅蜜外，忍波羅蜜也可說是無畏施的一種。

法施

法施是給予眾生教法，來幫助他們究竟解脫，就六波羅蜜而言，精進波羅蜜、禪波羅蜜與般若波羅蜜都包括在法施的內容當中。

「菩薩於法應無所住而行於布施」，經中說布施的內容是要於法而應無所住，也就是不執著布施的法、布施的對象。

◈不住相布施

「所謂不住色布施、不住聲、香、味、觸、法布施。」不執住於物質的現象性，不執住於聲音、聞香、味覺、觸覺與法意，也就是完全不染著於外界的六塵；千萬不可為了色、聲、香、味、觸、法來布施。

不執住「色、聲、香、味、觸、法六塵」布施，自顯受用即六根眼、耳、鼻、舌、身、意清淨，六識具足廣大不可思議大用，直接以斷六塵，當然是六種清淨，整部經典的義理環環相扣，如果只是單一句去了解，而無法串連便無法了解整個法界遍起之理。

因為無相布施，所以六根就清淨，而六識也清淨了，所以不住色、聲、香、味、觸、法布施，一切都沒有執著，沒有染著，這就是無住道。

「須菩提！菩薩應如是布施，不住於相。」所以菩薩應如是不住於相來布施，這裡很清楚的提出不住相布施。

菩薩於法要應無所住而行於布施，才能夠積聚廣大福德。

於一切法界中，再也沒有比佛陀更尊重福德者，所以佛陀是具足大福德者，為什麼呢？因為他尊重福德、實踐大福德、勤求一切福德。然因為福德體性空的緣故，所以又說佛陀不受福德，更沒有勤求廣大福德的事行。如果我們心中有福德相，執著福德，那就應該要破有。因此菩薩於法應無所住，無所住才能夠實踐無住道，行於布施。

◆福德不可思議

「何以故？若菩薩不住相布施，其福德不可思量。」在此又提出，如果以不住相布施，其福德不可思議稱量。

為什麼在提出無相布施時，卻又說福德不可思量呢？

這就是我們要特別瞭解《金剛經》的地方。一般我們認為《金剛經》是破相的經典，因為在佛教的觀點中，只有完全究竟的破相，才有廣大的福德，這也是《金剛經》所要說明的。所以《金剛經》不僅是破相的經典，也是大福德的經典；這部大福德經典所成就的最大福德就是：成證阿耨多羅三藐三菩提。

究竟的破相就是成就無上菩提，所以，佛陀又被稱為「破有法王」，破除一切虛妄之有的法王。

而《金剛經》除了強調破「有」的執著外，同時也破空的執著，是一部雙破的經典。因此提出不住相布施的同時，也提出福德不可思量的說法，這是怕我們誤落於頑空之中。

所以，在《金剛經》中都一直以這種雙破的情勢展現，要我們不住於相，也不要落於頑空，它是保持在實相中道的一部經典。

「須菩提！於意云何？東方虛空可思量不？」「不也，世尊！」「須菩提！南西北方四維上下虛空可思量不？」「不也。世尊！」「須菩提！菩薩無住相布施，福德亦復如是不可思量。須菩提！菩薩但應如所教住！」

在這裡特別說明的是：不是以虛空的廣大來形容福德的廣大，而是以虛空的無所有、不可住、不可著、不可說邊際，如同無相布施的自性不可得一般。所以要了解：不住於相並不是什麼都沒有，而是教人不要執著！

因此，佛陀更對須菩提說：菩薩修諸萬行，應如同我所教授的住於不執著相的布施，而且住則為非住。

註釋

①六波羅蜜多

菩薩度生，是以六波羅蜜作為手段。六波羅蜜即是六種解脫法門，分別為布施波羅蜜、忍辱波羅蜜、持戒波羅蜜、精進波羅蜜、禪定波羅蜜、般若波羅蜜。

②十二因緣

十二因緣為：無明、行、識、名色、六入、觸、受、愛、取、有、生、老死等十二種因緣。

如理的實現

經文

「須菩提！於意云何？可以身相見如來不？」「不也，世尊！不可以身相得見如來。何以故？如來所說身相，即非身相。」佛告須菩提：「凡所有相皆是虛妄。若見諸相非相，則見如來。」

白話語譯

「須菩提！你認為如何？可以藉如來的身相見到如來嗎？」

須菩提回答說：「沒有辦法啊！世尊！不可以藉由如來的身相得以見到如來。為什麼呢？因為如來所說的身相，即非身相，並沒有身相的實性。」

佛陀告訴須菩提：「凡是所有的相都是虛妄；假若見到諸相非相的實相，自然能見到如來。」

解說

在此段經文中是直顯如來的法身實相，在此階段中要迴過頭來破除自身及一切眾相的執著，才能見到如來的實相。

◈實相之見

「不可以身相得見如來。」這是直接用斷、破的觀點來看。身相是什麼？就是有這個身的現象、相貌。身的表相就佛陀而言是具足三十二相、八十種好。我們不能以身相來見如來，就是不能以如來具足完全的身相來認定他便是佛，若是如此，轉輪聖王①也具足三十二相，那他便是佛了，然而事實不然。

這裡所要說的是三十二相並不是分別眾生與佛的重要標準。相是由因緣所成，一旦我們執著它，而有所認定時，它就成了障礙、凝滯、迷失。

佛身

佛身有三身或四身的說法，三身是法身、報身、化身，四身則是再加上為法身、報身、應身、化身。

法身是指法的體性。報身是證悟後，得證的自受用圓滿境界的身。化身是在世間中我們所見到佛陀的身。化身是佛陀為了特別作用所化現的身。

以下的故事可以讓你更了解佛身。有一次佛陀到忉利天說法，去了好幾個月，才回到人間。當時，許多修行者都曾聽說過：當佛陀回到人間時，能夠第一個見到佛陀的人，他的功德是最大的。所以，很多人都想搶第一個去見佛陀。

其中女眾中神通第一的蓮花色比丘尼也很想第一個見到佛陀，但是比丘尼與比丘在習俗和戒律上是有所不同的，她們要見到佛陀有許多的限制與障礙：第一、她們碰到世間的國王和大臣時要先讓路。第二、比丘尼得讓比丘先行。這些規矩使得蓮花色比丘尼根本無法搶先第一個見佛，更不知要何時才能見到佛陀了。如此一來也就無法得到這莫大功德了。

但是蓮花色比丘尼在女眾中是神通第一。早先她證得到阿羅漢之後並沒有神通顯現，但是後來她感覺到沒有神通還是不行，所以她才開始修學神通，而至具足神通第一。雖然她神通第一，礙於規定仍是無法第一個見佛，於是她便想了一個辦法：在世間中轉輪聖王威德最大，大家都要讓路給他走，於是她就用神通力把自己變成轉輪聖王。運用輪寶先行開路，飛天而走。當她衝到佛陀面前說：「佛陀，我是蓮花色，我是第一個見到您的。」可是佛陀告訴她：「蓮花色啊！妳不是第一個見到我的人，須菩提才是第一個見到我的啊！」

蓮花色驚訝的說：「須菩提？他並沒有來呀！剛剛我出來遇見他時，他還說：

「『你們去吧！我還是在這裡觀空好了。』他怎麼會是第一個看到您的人呢？」面對蓮花色的疑惑，佛陀詳和地告訴她：「我不是告訴過你們嗎？見空即是見佛啊！真正的見佛即是見空啊！所以須菩提在彼處現觀空性，才是真正的見到我，看到佛的法身，妳現在看到的只是個因緣和合的佛的色相而已啊！」

如果我們能夠了解這個故事的話，就知道如何見如來了。

◈見佛陀的法身

「佛告須菩提：『凡所有相皆是虛妄；若見諸相非相，則見如來。』」

「凡所有相皆是虛妄」，這句話對我們所有修證者而言是十分謹要，可做為我們修行人的一切總綱，是使我們不墮入任何迷惘、魔障的一個心要。

「若見諸相非相即見如來」，這裡談到的是見如來的事，所謂見如來最徹底的「見」就是「與佛相應」、與法相應，相應即相見。

那麼，要如何見佛陀呢？不得以身相來見，不得以虛妄來見佛陀，要體解現前所有相皆是虛妄，假若見到諸相非相的實相，自然能見如來。

「凡所有相皆是虛妄」，這是直接破相，所有相都是虛妄，因為相是虛妄的緣故，所以相即非相，相即實相，而實相即如來，因此，見諸相非相，是確見如來。

或許我們從另外一個角度來觀察，思惟一下：一般眾生所見的諸相與如來是否有差別呢？眾生所見的諸相是真實，而如來所見是虛妄，這是落於分別對立的兩邊的立場，而事實上是沒有真實與虛妄的差別，只是眾生總是落於一邊來觀察。所以，假若能見到諸相非相的實相，自然能見如來。

註釋

①轉輪勝王

轉輪聖王是佛教政治理想中的統治者。意譯又作轉輪王、輪王或飛行皇帝。依佛典所載，轉輪聖王係指成就七寶，具足四種德相（長壽不大、身強無意、顏貌端正、寶藏盈滿），且在其統治下，國土豐饒、人民安樂，以正法治世的大帝王。

希有的正信

經文

須菩提白佛言：「世尊！頗有眾生得聞如是言說章句，生實信不？」佛告須菩提：「莫作是說！如來滅後後五百歲，有持戒修福者，於此章句能生信心，以此爲實。當知是人，不於一佛二佛三四五佛而種善根，已於無量千萬佛所種諸善根。聞是章句乃至一念生淨信者，須菩提！如來悉知悉見，是諸眾生得如是無量福德。何以故？是諸眾生無復我相、人相、眾生相、壽者相、無法相，亦無非法相。何以故？是諸眾生若心取相，即為著我、人、眾生、壽者。若取法相，即著我、人、眾生、壽者。何以故？若取非法相，即著我、人、眾生、壽者，是故不應取法，不應取非法。以是義故，如來常說：『汝等比丘！知我說法，如筏喻者；法尚應捨，何況非法！』」

白話語譯

須菩提對佛陀說道：「世尊，將來是否會有衆生，在聽聞以上這些文章話語之後，而生起真實的淨信嗎？」

佛陀告訴須菩提：「你不要有這樣的說法！如來入滅之後的後五百年，將會有持戒修福德的人，從這些文章話語中能夠生起淨信，而且認為這是真實。我們應當了解，這樣的人已不是在一佛、二佛、三佛、四佛、五佛之處種下善根，而是已經在無量無數千千萬萬的諸佛那裡種下種種的善根。如果那些衆生聽到這些文章話語，乃至一念中產生了清淨的信心，須菩提啊！如來能完全了知明見，這些衆生將會獲得無量無邊的福德。

「為什麼呢？因為這些衆生不再執著有我相、人相、衆生相、壽者相。也沒有法相、非法相的執著。

「為什麼呢？假如這些衆生心中執取各種相，那就是執著於有我、人、衆生、壽者的存在。

「假若執取法相，即執著於我、人、衆生、壽者相。

「為什麼呢？假若執取非法相，即執著於我、人、衆生、壽者相，所以不應執著於法，也不應執取非法，因為此種意義的緣故，如來常說：『你們這些比丘！了知我所宣說的諸法門，都是如同船筏的比喻者，我們連法都應該棄捨了，何況是非法呢？』」

解說

在本段經文中，佛陀告訴須菩提，如來入滅後的後五百年，如果有人能夠對這些文章話語生起清淨的信心，這些人將會獲得無量無邊的福德。

真實的淨信

談及「淨信」，想起佛陀於過去世時為法忘軀的故事，佛陀曾為了得到半句偈頌，而捨身餵夜叉。這個偈子上半偈是：「諸惡莫作，眾善奉行；」下半偈是：「自淨其意，是諸佛教。」

這偈子是有次第的，第一層是諸惡先莫作，第二層是眾善必奉行，第三層自淨其意是善惡均不染著，要行一切善，而不執著一切善；第四層是諸佛教。而「淨信」就是不染執的信心，清淨直接的信心。

「聞是章句乃至一念生信者，須菩提！如來悉知悉見，是諸眾生得如是無量福德。」隨著經文讀到此段文句時，我們可以回過頭來檢測自心，是否對《金剛經》生起淨信否？只要心中生起一念淨信，即獲得無量福德。

我們生起一念淨信，佛陀即了了明見我們自心，我們即與佛陀相應，如此一來，我們即是佛陀心子，佛陀必然護念我們直至成佛。

「何以故？是諸眾生無復我相、人相、眾生相、壽者相、無法相，亦無非法相。」我相、人相、眾生相、壽者相是指我執相，所以人、法相皆不執著，也沒有非法相，就像《心經》中所講的「無老死，亦無老死盡。」的意思相同。

「何以故？是諸眾生若心取相，即為著我、人、眾生、壽者。若取法相，即著我、人、眾生、壽者。何以故？若取非法相，即著我、人、眾生、壽者，是故不應取法，不應取非法。以是義故，如來常說：『汝等比丘！知我說法，如筏喻者；法尚應捨，何況非法！』」所以要離於法相與非法相的執著，不落於存有與虛無雙邊，安住於中道實相中。

「筏」是指渡脫生死河流的工具，不能因為它很重要，而在過河之後，仍然將之隨身帶著。這是指佛陀的法如船筏的比喻，就像很多人執著自己有很多的法卻不會運用，只是執著於法而不求解脫。所以佛陀告訴我們：度脫生死的法尚應棄捨，何況是非法。

無證可得亦無法可說

經文

「須菩提！於意云何？如來得阿耨多羅三藐三菩提耶？如來有所說法耶？」須菩提言：「如我解佛所說義，無有定法名阿耨多羅三藐三菩提，亦無有定法如來可說。何以故？如來所說法，皆不可取、不可說，非法非非法。所以者何？一切賢聖皆以無爲法而有差別。」

白話語譯

「須菩提！你認為如何呢？如來證得到無上正等正覺嗎？如來有宣說法要嗎？」

須菩提說：「如同我體解佛陀所宣說的法義，沒有確定法稱名為無上正等正覺。

「為什麼呢？因為如來所說的法，都不可以執取、不可用語言宣說；既不是法也不是非法，為什麼呢？一切賢聖者都是以無為法而有差別。」

解說

在本段經文中，佛陀詢問須菩提：如來是否證得無上正等正覺，或是有所說法？須菩提的回答是：佛陀無所得證亦無所宣說。

「須菩提！於意云何？如來得阿耨多羅三藐三菩提耶？如來有所說法耶？」這是佛陀從「我」與「法」直接切入打碎如來所證得的無上正等正覺。

「須菩提言：『如我解佛所說義，無有定法名阿耨多羅三藐三菩提；亦無有定法如來可說。何以故？如來所說法，皆不可取、不可說；非法、非非法。所以者何？

一切賢聖皆以無為法，而有差別。』」

如同須菩提了解佛陀所說的法義，並沒有一個確定的法名為阿耨多羅三藐三菩提，因為無上正等正覺不是真正得到什麼東西，而是在無可得之後所現起的境界，所以《心經》說：「無有少法可得，得阿耨多羅三藐三菩提。」也沒有固定的法如來可宣說，這是因為如來所宣說的法，都是隨機為眾生解說的。

如來所宣說法都是法雨，都是為眾生解決問題用的。它是不可以執取，也無可宣說的；它是超越法與非法，也超越非法與非非法，因為一切賢聖都是安住在體性清淨的無為法中，一切現空，但是賢聖有差別。就像「三獸渡河」的故事，一條河流，有兔子、狐狸、大象三隻野獸度過，要問有關河底的問題，當然是問大象比較清楚。這是說明在一切賢聖者中，只有如來才能夠窮盡其理，因為聲聞、緣覺聖者與菩薩所體悟無為法的不同，而有差別。

如果我們執取佛陀所宣說的這個法，我們就永遠在這軌道行走，這仍然是執著於法，應該是於任何法都不執著，有一絲的染著都要捨棄，直到無有少法可得，然後才能得到無上正等正覺。因此，如來所說的法，皆不可執取，要如是體悟。

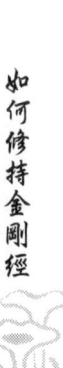

依於正法而出生

經文

「須菩提！於意云何？若人滿三千大千世界七寶以用布施，是人所得福德寧爲多不？」須菩提言：「甚多！世尊！何以故？是福德，即非福德性，是故如來說福德多。」「若復有人，於此經中，受持乃至四句偈等，爲他人說，其福勝彼。何以故？須菩提！一切諸佛及諸佛阿耨多羅三藐三菩提法，皆從此經出。須菩提！所謂佛法者，即非佛法。」

白話語譯

「須菩提！你認為如何？假若有人以充滿三千大千世界的七種寶物，用來布施，這人所獲得的福德是不是很多呢？」

須菩提說：「很多！世尊！為什麼呢？因為這些福德，即非福德的體性，所以如來說福德很多。」

「假若又有人，在這部經中，受持乃至用其中四句偈等，為他人宣說，其福德勝過於前者。為什麼呢？須菩提！一切諸佛及諸佛的無上正等正覺法，都是從這部經中流出的。須菩提！所謂佛法者，即非佛法。」

解說

本段經文，佛陀說明《金剛經》的廣大福德，一切諸佛及諸佛的無上菩提勝法，都是從此經所出的。

「『須菩提！於意云何？若人滿三千大千世界七寶以用布施。是人所得福德寧為多不？』」

「須菩提說：『甚多！世尊，何以故？是福德即非福德性，是故如來說福德多。』」

「三千大千世界」的名稱由來，可以從古印度的宇宙觀談起，當時的宇宙觀是以須彌山為中心，其周圍有四大洲及九山八海，我們人類位在其中，這樣一個世界叫做一個小世界，也叫做一個須彌世界，用現代的語言與觀念來說，也許可稱為一個太陽系。

此世界是由小、中、大三種千世界所組成，故叫做三千世界。不能將三千大千世界解釋成是三千個大千世界，它是指千的三次方，等於十億個世界。其組成如下：

①小千世界是一千個小世界：即：小千世界＝1,000 個小世界。

②中千世界是一千個小千世界：即：中千世界＝1,000 個小千世界＝1,000×1,000 個小世界＝1,000,000 小世界（一百萬個小世界）。

③大千世界是一千個中千世界：即：大千世界＝1,000個中千世界＝1,000×1,000個小千世界＝1,000×1,000×1,000個小世界＝1,000百萬個小世界＝十億個小世界。

佛陀問須菩提假若有人以滿三千世界的七寶來布施，這人所獲得的福德多嗎？其中七寶是七種寶物，有很多的說法，一般是指金、銀、琉璃、玻璃、赤珠、硨磲、瑪瑙七種珍寶。須菩提則回答很多，因為這些福德即非福德，所以福德多。

但是我們先以下列的角度來看福德。福德如果是一個不變的數量，那麼福德有多或少的差別嗎？其實世間講福德的多或少，是有相對性的，其實福德的體性是不變的。所以「是福德即非福德性，是名福德。」才可以成立了。

須菩提的回答，前面說「甚多！」這是世俗諦的答案，後來說：「是福德，即非福德性，是故如來說福德多。」這是第一義諦的答案。在此將真諦、與俗諦二諦同時表達出來。

讀了《金剛經》中的這些經句，我們可以學習在觀察、思維事情時，試著都以真諦與俗諦二者來觀察，如果沒辦法二者同時具足，在我們心中也要明白因緣是性空的；而且當我們講性空時，也要了悟因緣的顯現，在事相中了悟智慧。如此在整個因緣中不斷的反覆練習、體悟，慢慢地，有朝一日若有一拍雙泯的機緣，可能因此而獲得開悟。

「若復有人，於此經中，受持乃至四句偈等，為他人說，其福勝彼。」這是佛陀鼓勵我們多為他人說法，如果無法宣說整部經典，即使是四句偈，或是一句話，這樣的福德都比以三千大千世界的七寶布施的福德來得多。

「四句偈」為古印度文體，以六音節為一句，如《吠陀》等。因此沿用下來，即以三十二音節為四句偈。此處指經文中的語句，並非實指偈頌。

「何以故？須菩提！一切諸佛，及諸佛阿耨多羅三藐三菩提法，皆從此經出。須菩提！所謂佛法者，即非佛法。」《金剛經》可以攝受一切諸佛及諸佛阿耨多羅三藐三菩提法，因此經文中才會出現「一切諸佛及諸佛阿耨多羅三藐三菩提法，皆從此經流出。」

諸法一相就是無相

經文

「須菩提！於意云何？須陀洹能作是念：我得須陀洹果不？」須菩提言：「不也！世尊！何以故？須陀洹名爲入流，而無所入，不入色、聲、香、味、觸、法，是名須陀洹。」「須菩提！於意云何？斯陀含能作是念：我得斯陀含果不？」須菩提言：「不也！世尊！何以故？斯陀含名一往來，而實無往來，是名斯陀含。」「須菩提，於意云何？阿那含能作是念：我得阿那含果不？」須菩提言：「不也！世尊！何以故？阿那含名爲不來而實無來，是故名阿那含。」「須菩提！於意云何？阿羅漢能作是念：我得阿羅漢道不？」須菩提言：「不也！世尊！何以故？實無有法名阿羅漢。世尊！若阿羅漢作是念：我得阿羅漢道，即爲著我、人、眾生、壽者。世尊！佛說我得無諍三昧人中最爲第一，是第一離欲阿羅漢。我不作是念：我是離欲阿羅漢。世尊！我若作是念：我得阿羅漢道，世尊則不說須菩提是樂阿蘭那行者。以須菩提實無所行，而名須菩提是樂阿蘭那行。」

白話語譯

「須菩提！你認為如何呢？須陀洹能生起這樣的心念，認為：我已得證須陀洹果了嗎？」

須菩提說：「不能如此啊！世尊。為什麼呢？因為須陀洹被稱為『入流』，但事實上，卻是毫無所入；不入於色相、音聲、聞香、嚐味、觸覺、法意等，所以名為須陀洹。」

「須菩提！你認為如何呢？斯陀含能夠生起這樣的心念，認為：我已得證斯陀含果了嗎？」

須菩提說：「不能如此啊！世尊。為什麼？因為斯陀含名為『一往來』，而其實並無往來，所以能名為斯陀含。」

佛陀說：「須菩提，你認為如何呢？阿那含能夠生起這樣的心念，認為：我得證阿那含果了嗎？」

須菩提言：「不能如此啊！世尊。為什麼呢？因為阿那含名為『不來』，而其實並無所謂的不來，所以名為阿那含。」

「須菩提！你認為如何呢？阿羅漢能夠生起這樣的心念，認為：我得證阿羅漢果了嗎？」

須菩提說：「不能如此啊！世尊！為什麼呢？其實並沒有實法名為阿羅漢。世尊！阿羅漢生起這樣的心念，認為：我得到阿羅漢道，這就是執著於我、人、衆生、壽者四相。世尊，佛陀宣說我是證得無諍三昧的人中最為第一者，是最為遠離欲念的阿羅漢。我不會生起這樣的心念：我是遠離欲念的阿羅漢。世尊！假若我生起這樣的心念，認為：我已證得阿羅漢道，世尊則不會說須菩提是樂於阿蘭那行的人。因為須菩提事實上並無所行，所以稱呼須菩提

是實行樂於阿蘭那行。」

解說

本段經文中以小乘四果來說明，如果證得任何一個果位，必須是不執著我、人、眾生、壽者四相，並且不執著自身所證得的境界，才是真正的證得這個果位。

經文中的須陀洹（Srotaapatti）、斯陀含（Sakrdagami）、阿那含（Anagami）及阿羅漢（Arahat），是小乘的四果。

「須陀洹」：謂已入涅槃之流，但欲界思惑未斷，所以名「入流」。

「斯陀含」於欲界九品思惑已斷除前六品，尚剩餘下三品未斷除，必須一往天上、一來人間斷之，所以名為「一往來」。

「阿那含」已盡斷欲界九品思惑，住於色界四禪天，不復來往人世，所以名為「不來」。

「阿羅漢」已證得無生法忍，已斷除生死輪迴，所以名為「無生」。

小乘四果

中文音譯	梵文	中文義譯
須陀洹	srotā-panna	預流（者），入流（者）
斯陀含	sakradāgāmin	一往來，一來
阿那含	anāgāmin	不還，不返
阿羅漢	arhan arhat	應供

「『世尊！佛說我得無諍三昧人中最為第一，是第一離欲阿羅漢。』我不作是念：我是離欲阿羅漢。世尊！我若作是念：我得阿羅漢道，世尊則不說須菩提是樂阿蘭那行者。以須菩提實無所行，而名須菩提是樂阿蘭那行。」其中「無諍三昧」諍是指煩惱。三昧則是指定。離欲，亦即遠離諸欲煩惱的意思。而阿蘭那行（Ara-nya）又譯為無諍住。

如何莊嚴諸佛的淨土

經文

佛告須菩提：「於意云何？如來昔在然燈佛所，於法有所得不？」「世尊！如來在然燈佛所，於法實無所得。」「須菩提！於意云何？菩薩莊嚴佛土不？」「不也！世尊！何以故？莊嚴佛土者，即非莊嚴，是名莊嚴。」「是故須菩提！諸菩薩摩訶薩，應如是生清淨心，不應住色生心，不應住聲、香、味、觸、法生心，應無所住而生其心！」「須菩提！譬如有人身如須彌山王，於意云何？是身爲大不？」須菩提言：「甚大！世尊！何以故？佛說非身，是名大身。」

白話語譯

佛告須菩提說：「你認為如何呢？如來往昔在然燈佛處時，曾經得過什麼法嗎？」

「沒有啊！世尊。如來在然燈佛處所時，於一切法實在無有所得。」

「須菩提！你認為如何呢？菩薩是否有莊嚴佛土這件事呢？」

「沒有啊！世尊。為什麼呢？因為佛陀所說的莊嚴佛土，即非有莊嚴佛土的體性，所以才名為莊嚴佛土。」

「所以，須菩提，諸大菩薩應當如是生起清淨的心念：不應執住於色相而生起心念，不應執住於音聲、聞香、嚐味、觸覺、法意而生起心念，應當無所執住而自在的生起心念。」

「須菩提，譬如有人的身軀如同須彌山王一般，你認為如何呢？這樣的身軀是不是十分的高大？」

須菩提說：「甚為高大！世尊。為什麼呢？佛陀宣說非身，是以名為大身。」

解說

在本段文中佛陀詢問須菩提：菩薩是否有莊嚴佛土呢？須菩提則回答說：莊嚴佛土，即非有莊嚴佛土，是名為莊嚴佛土。並且在經文中出現《金剛經》有名的句子：「應無所住，而生其心。」解明菩薩應如何發起清淨的菩提心。

「佛告須菩提：『於意云何？如來昔在然燈佛所，於法有所得否？』『不也！世尊！如來在然燈佛所，於法實無所得。』」這個因由是釋迦牟尼佛過去世修菩薩行時，曾以五百金錢買得五朵金色蓮花，用以供養燃燈佛，在佛陀所經過的路上，有一灘泥窪，菩薩便伏在地上，散開頭髮，讓佛陀踏著他的頭髮而過。那時燃燈佛為大眾說法，菩薩聞法之後，立時由第七地證入八地。燃燈佛當時曾經為他授記，於未來世當得成佛，名為釋迦牟尼。這是佛陀告訴須菩提，如來往昔供養燃燈佛的因緣。

◆莊嚴佛土成熟眾生

「須菩提！於意云何？菩薩莊嚴佛土不？」「不也！世尊！何以故？莊嚴佛土者，即非莊嚴，是名莊嚴。」

菩薩在世間有兩個很重要的事情，一是莊嚴諸佛淨土，二是圓滿眾生成佛。

我們打坐時觀想莊嚴阿彌陀佛的極樂世界固然很好，但是我們也要有莊嚴佛土的實際行動，也就是莊嚴器世間，器世間是指我們現在所生存的空間。在現代生活中像是淨灘、清淨道路等等行動，都可稱為莊嚴佛土的行動。

同時，我們在一個很重要的前提下，來莊嚴佛土，也就是《金剛經》的原則：不能執著「莊嚴佛土」，這就是所謂「莊嚴佛土者，即非莊嚴，是名莊嚴。」

◆菩薩的清淨心

「是故須菩提：諸菩薩摩訶薩，應如是生清淨心」，首先說明什麼是清淨心？我們要很清楚生起這樣的信念：不應住色生心，不要執著於外相、因緣，來生起菩提心，不要執住於聲音、聞香、嚐味、觸覺等五蘊，對身心外境一切都沒有執著、沒有染著。這也就是應無所住的意思，就是對任何事情都沒有執著，然後再生起心，這就叫「清淨心」，懂了這個道理解脫是必然的，不執著的實證就是無住。

「應無所住而生其心」，其實與「諸惡莫作，眾善奉行，自淨其意」是等同的，心中無所執著，就能成證無上正等正覺；不思善、不思惡，就是我們的本來面目，也就是無所住了，這就是清淨心。

「應無所住，而生其心」，就是脫離一切的纏縛，善惡、有無的對待。這句話對於很多的中國佛教徒影響深遠，幾乎是耳熟能詳，甚至能脫口而出，但是大多數的人恐怕只是能口誦，而無從下手修行。很多人誦持一輩子的《金剛經》，每天都為了「無所住」而煩惱，愈讀愈煩惱，為什麼呢？因為不知道如何無所住而煩惱，每天在思維怎麼無所住，為沒有辦法「應無所住」而煩惱，在此被困住了，就更難生其心了！

因為如何無住確實是大問題，但是若將此句滙觀於《金剛般若經》中別譯的「菩薩應生如是不住，心無所住。」與同樣《金剛經》句中的「應生無所住心」，或許會有另外的修證方便。現在我們如果將「應無所住，而生其心」這一句的現觀次第改變，而成為「生其心時，應無所住。」或許能有一個修行入處。

「生其心時應無所住」，不也就是應無所住時而生其心了嗎？所以當我們生心的時候，不要執著，也就無所住了。

當我們讀誦此偈時，反觀自心：你現在有所住嗎？現在心中是否感覺很生氣？很奇妙的，忽然間，你會發現：自己不執著生氣，生氣就變成了空氣，就無住了。當我們很生氣時，一念反轉，不思善不思惡，氣就消失了。在這當下，不是過去、現在、未來，就是清淨心，到達「應無所住，而生其心」的境界了。

◆法性之身

「『須菩提，譬如有人身如須彌山王，於意云何是身為大不？』須菩提言：『甚大！世尊！何以故？佛說非身，是名大身。』」當有大小尺寸的分別對待時，就是非身，「因緣所生法，我說即是空。」當下、本來就是現空。

「須彌山」，玄奘、義淨皆譯為妙高山。在佛教的宇宙觀中，一小世界的構成，為一個太陽、一個月亮、四大部洲，其中央有須彌山，海拔四萬二千由旬，七寶積聚而成。

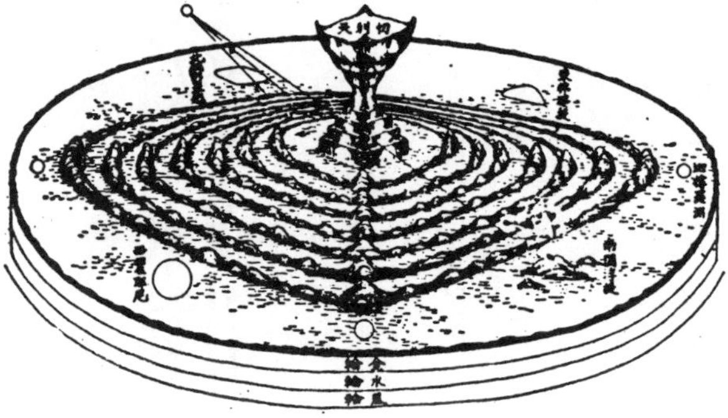

須彌山

無爲的殊勝福德

經文

「須菩提！如恒河中所有沙數，如是沙等恒河，於意云何？是諸恒河沙寧爲多不？」須菩提言：「甚多！世尊！但諸恒河尚多無數，何況其沙？」「須菩提！我今實言告汝：若有善男子善女人，以七寶滿爾所恒河沙數三千大千世界，以用布施，得福多不？」須菩提言：

「甚多！世尊！」佛告須菩提：「若善男子善女人，於此經中乃至受持四句偈等，爲他人說，而此福德，勝前福德。」

白話語譯

「須菩提！如恆河中所有的沙的數量，等同於如此沙數的恆河，你以為如何呢？這些恆河中沙的數量是不是很多呢？」

須菩提說：「十分的多！世尊。僅僅這些恆河就多得不可勝數，更何況是其中的沙呢？」

「須菩提！我現在告訴你實話吧：假若有善男子、善女人以七寶充滿這些恆河沙數的三千大千世界用於布施，他所得的福德是不是很多呢？」

須菩提說：「十分的多！世尊。」

佛陀告訴須菩提：「若有善男子、善女人在這部經中，乃至於只受持其中的四句偈等，為他人宣說，他的福德更勝過於前述的福德。」

解說

在本段經文中，佛陀鼓勵我們要廣為宣說《金剛經》，甚至只是經中的四句偈等，都要為別人講說，幫助眾生成證無上菩提，其福德勝於布施不可計數的七種珍寶。

尊重眞正的教法

經文

「復次，須菩提！隨說是經乃至四句偈等，當知此處一切世間天、人、阿修羅皆應供養如佛塔廟，何況有人盡能受持、讀誦！須菩提！當知是人成就最上第一希有之法！若是經典所在之處，即爲有佛，若尊重弟子。」

白話語譯

「再次，須菩提，如果隨時隨地宣說這部經，乃至於只是講說其中的一首四句偈等，應當知道這個講經的處所，是一切眾生、天、人、阿修羅等，都應當供養的地方，正如同供養佛陀的塔廟一樣。更何況有人能夠完整地受持、讀誦這部經典！須菩提，應當知道這樣的人，已經成就了最無上第一希有的法門。若是這部經典所在之處，即為有佛陀與受尊重佛弟子在此。」

解說

本段經文鼓勵大家學習隨時隨地的宣說《金剛經》，而且，如果有人能夠完整受持、讀誦這部經典，這人已經成就最為無上第一希有的法門。假若有《金剛經》所在的地方，那地方就成為有佛陀與受到尊重的佛弟子等三寶所在之處。

如法的受持本經

經文

爾時，須菩提白佛言：「世尊！當何名此經，我等云何奉持？」佛告須菩提：「是經名爲金剛般若波羅蜜，以是名字，汝當奉持。所以者何？須菩提！佛說般若波羅蜜，即非般若波羅蜜。須菩提！於意云何？如來有所說法不？」須菩提白佛言：「世尊！如來無所說。」

「須菩提！於意云何？三千大千世界所有微塵，是爲多不？」須菩提言：「甚多！世尊！」「須菩提！諸微塵，如來說非微塵，是名微塵。如來說世界，非世界，是名世界。」

「須菩提！於意云何？可以三十二相見如來不？」「不也！世尊！不可以三十二相得見如來。何以故？如來說三十二相，即是非相，是名三十二相。」

「須菩提！若有善男子善女人，以恒河沙等身命布施；若復有人，於此經中，乃至受持四句偈等，爲他人說，其福甚多！」

白話語譯

這時，須菩提問佛陀說：「世尊！這部經名應當如何稱呼？我們應當如何奉持呢？」

佛陀告訴須菩提說：「這部經名為《金剛般若波羅蜜》，你們應當以這樣的經名來奉持此經。為什麼呢？佛陀說所謂《般若波羅蜜》即非《般若波羅蜜》，所以才稱為《般若波羅蜜》。須菩提！你認為如何呢？如來有所說法嗎？」

須菩提向佛陀道說：「世尊，如來無所說法。」

佛陀說：「須菩提，你認為如何呢？三千大千世界裡的所有微塵，其數量是不是很多呢？」

須菩提說：「十分的多！世尊！」

佛陀說：「須菩提，這些微塵，如來說並非微塵，所以稱名為微塵。如來說世界，並非世界，所以名為世界。」

「須菩提，你認為如何呢？是否可以用佛陀的三十二種莊嚴相好來見如來？」

須菩提說：「不能夠！世尊！不可以用佛陀的三十二種莊嚴相來見如來。為什麼呢？因為如來所說的三十二相，即是非相，所以才名為三十二相。」

「須菩提，假若有善男子、善女人，以等同恆河沙數量的身體性命來布施，假若又有另外一個人，在此金剛經中，乃至於只有持受四句偈等，並為他人宣說，他的福德勝過於前者。」

解說

在本段經文中，佛陀告訴須菩提這部經典的經名，並要他當以這個經名奉持此經。因為佛說般若波羅蜜，即非般若波羅蜜，所以才稱為般若波羅蜜。能夠體解此義，為眾生說法，當具足無量功德。

◆金剛經的三部曲

「般若波羅蜜」不是一個東西，是解決所有解脫生死問題的智慧。解決世出世間問題的智慧，是能夠度脫生死的圓滿智慧，他不是固定不變的一個東西，因為智慧沒有固定的方式、形貌，而是現見一切眾相皆空，這叫般若。現見一切，萬相皆空，而以這智慧度化一切眾生，出生死海，稱為般若波羅蜜。

「佛說般若波羅蜜，則非般若波羅蜜，是名般若波羅蜜。」這是《金剛經》的三部曲，以數學公式來表達則是：所謂X即非X是名X。

有人說《金剛經》的三部曲，非常難懂，因為這是由證量中所展現出來的，現在舉生活中的例子來幫助大家了解。例如：現在我們眼前看到的椅子是什麼呢？真的是椅子嗎？是木頭椅子還是塑膠椅？是英文的 chair？思惟一下究竟哪一個才是正確的描述椅子？為何我們可以肯定它是椅子呢？

其實我們平常所說的語言並不是具體的描述，再思惟一下，我們平常所認識的東西，事實上是不是那個東西本身呢？然而就因為它不是那個東西本身，所以我們可以稱它為那個東西，此中是含有玄機的。

再舉個例子，如果筆是筆，它能不能做出筆，筆是不是一枝筆？若筆是一枝筆，表示它的自性不動，但筆能畫，它的自性不動卻能畫？這是否是一個奇怪的論述？其實當它們交會的那一剎那，筆已經變動，已經不是筆了。

其中隱含了雙重矛盾：第一，筆是不能變化的，所以稱為筆；第二，筆是因為它能變化所以稱為筆。是否有人拿起一根竹子說它是筆？因為竹子不能寫字，若筆不能寫字，能否稱之為筆，答案是不能。這是以理論來解析實證。所以因為筆，能夠不是筆，所以稱為筆。

如來說三十二相，即是非相，是名三十二相

經文中的「三十二相」是佛陀的三十二種莊嚴的相好。依據《大智度論》所說，佛陀的三十二種莊嚴相好是：㈠足安平相，㈡千輻輪相，㈢手指纖長相，㈣手足柔軟相，㈤手足縵網相，㈥足跟廣平相，㈦足趺高滿相，㈧腨如鹿王相，㈨垂手過膝相，㈩馬陰藏相，⑪身縱廣相等相，⑫毛孔生青琉璃色相，⑬身毛右旋相，⑭身金色相，⑮常光一丈相，⑯皮膚細滑相，⑰七處隆滿相，⑱兩腋下隆滿相，⑲身如獅子相，⑳身端直相，㉑肩圓滿相，㉒四十齒相，㉓齒白齊密相，㉔四牙白淨相，㉕獅子頰相，㉖得上味相，㉗廣長舌相，㉘梵音深遠相，㉙眼色紺青相，㉚睫如牛王相，㉛眉間白毫相，㉜肉髻相。

離於眾相的寂滅實相

經文

爾時，須菩提聞說是經，深解義趣，涕淚悲泣而白佛言：「希有世尊！佛說如是甚深經典，我從昔來所得慧眼，未曾得聞如是之經！

「世尊！若復有人，得聞是經，信心清淨，則生實相，當知是人成就第一希有功德。世尊！是實相者，則是非相，是故如來說名實相。

世尊！我今得聞如是經典，信解受持，不足爲難，若當來世後五百歲，其有衆生得聞是經，信解受持，是人則爲第一希有！何以故？此人無我相、人相、衆生相、壽者相。所以者何？我相即是非相，人相、衆生相、壽者相即是非相。何以故？離一切諸相，即名諸佛。」

佛告須菩提：「如是！如是！若復有人得聞是經，不驚、不怖、不畏，當知是人甚爲希有！何以故？須菩提！如來說第一波羅蜜，非第一波羅蜜，是名第一波羅蜜。

「須菩提！忍辱波羅蜜，如來說非忍辱波羅蜜。何以故？須菩提！如我昔爲歌利王割截身體，我於爾時無我相、無人相、無衆生相、無壽者相。何以故？我於往昔節節支解時，若有我相、人相、衆生相、壽者相，應生瞋恨。須菩提！又念過去於五百世作忍辱仙人，於爾所世無我相、無人相、無衆生相、無壽者相。

「是故須菩提！菩薩應離一切相發阿耨多羅三藐三菩提心！不應住色生心，不應住聲、香、味、觸、法生心，應生無所住心！若心有住，則爲非住，是故佛說菩薩心不應住色布施。須菩提！菩薩爲利益一切眾生，應如是布施！如來說一切諸相，即是非相。又說一切眾生，即非眾生。

「須菩提！如來是眞語者，實語者，如語者，不誑語者，不異語者。須菩提！如來所得法，此法無實無虛。須菩提！若菩薩心住於法而行布施，如人入闇，則無所見；若菩薩心不住法而行布施，如人有目，日光明照，見種種色。

「須菩提！當來之世，若有善男子善女人，能於此經受持、讀誦，則爲如來以佛智慧悉知是人，悉見是人，皆得成就無量無邊功德。」

白話語譯

當時，須菩提聽聞了這部經典，深切的體解了經中的義趣，涕淚悲泣的告訴佛陀說：「真是希有世尊啊！佛陀宣說如此甚深微妙的經典，我從往昔以來所獲得的慧眼，都未曾得以聽聞如是殊勝的經典！

「世尊！假若又有人，得以聽聞這部經典，而信心清淨，則能夠生起實相的體悟，當知此人將成就第一希有的功德。世尊！這樣的實相者，即是非相，所以如來才稱名為實相。世尊！我現在得以聽聞這部經典，淨信體解受持，並不足為難，但是假若未來世後的五百年，其中若有眾生得聞這部經典，並能淨信體解受持的話，這人即為真正的第一希有！為什麼呢？此人不再有我相、人相、眾生相、壽者相。為什麼呢？我相即是非相，人相、眾生相、壽者相即是非相。為什麼呢？因為遠離一切諸相，則名為諸佛。」

佛陀告訴須菩提：「如是！如是！假若又有人得以聽聞這部經典，不會生起驚駭、恐怖、畏懼，應當了知這個人實在是甚為希有難得！為什麼呢？須菩提！如來宣說第一波羅蜜，即非第一波羅蜜，所以才名為第一波羅蜜。

「須菩提！忍辱波羅蜜，如來宣說此為非忍辱波羅蜜。為什麼呢？須菩提！如同我往昔時曾經被歌利王割截身體，我在當時沒有我相、無人相、無眾生相，也無壽者相。為什麼呢？因為我在往昔身體遭到節節支解之時，假若有我相、人相、眾生相、壽者相，應當會生起瞋恨心。須菩提！我又憶念起過去五百世時曾作忍辱仙人時，在當時，沒有我相、沒有人相、也無眾生相、無壽者相。

「所以，須菩提！菩薩應當遠離一切相，發起無上正等正覺心！不應當執住於色相生起心念，也不應當執住於音聲、聞香、嚐味、觸覺、法意而生起心念，應當生起無所執住的心！假若心有執住，則為非住，所以佛陀說菩薩的心不應當執住於色相布施。須菩提！菩薩為了利益一切眾生，應當如是的布施！如來所說的一切諸相，即是非相。又說一切的眾生，即非眾生。

「須菩提！如來是宣講真實言語者，實相言語者，如實言語者，不粗誑言語者，不變異言語者。須菩提！如來所得的一切法，這些法都是既非實有亦非虛妄的。須菩提！假若菩薩的心執住於法而行布施，正如同有人入於黑闇之中，那麼一切都看不到了；假若菩薩心不住於法相而行布施，就如同一個人有明亮的眼睛，在日光明照之下，則能看見種種的形色。

「須菩提！當未來之世時，假若有善男子、善女人，能於這部經典受持、讀誦，那麼如來就會以佛陀的智慧能完全知曉此人，完全明見此人，他們都將得以成就無量無邊的功德。」

解說

在本段經文中，佛陀說明菩薩離於一切眾相，而發起無上菩提心，而不住相發心，才是真正的無上菩提心。

菩薩的一切所行都是安住在無相的根本上。言行舉止、行住坐臥，皆以無我為主旨，而無我所顯現的境界就如同在《金剛經》中的文句：

「須菩提，如我昔為歌利王割截身體，我於爾時，無我相，無人相，無眾生相、無壽者相。何以故？我於往昔節節支解時，若有我相、人相、眾生相、壽者相，應生瞋恨。須菩提，又念過去於五百世作忍辱仙人，於爾所世，無我相，無人相，無眾生相，無壽者相。是故須菩提，菩薩應離一切相，發阿耨多羅三藐三菩提心。不應住色生心，不應住聲、香、味、觸、法生心，應生無所住心。若心有住、即為非住。是故佛說菩薩心不應住色布施。」

此處佛陀以他自身作為見證，來彰顯一個實證的內容，告訴我們他是如何做到的以及他做到了什麼。前面是講無我的理論與發心，應該不住於色相、聞香等等來發心，而自舉了實際的例子。

佛陀過去世曾被歌利王截割手足，當時歌利王是北印烏萇國國王，歌利（Kali）意譯為苦楚，以其行逕常令人心生苦楚所以有此名。他帶領諸綵女入山行獵，因為疲倦偶然小睡，綵女看見國王睡著了，便聯群在山上遊玩，遇見一位忍辱仙人（即修忍辱的瑜伽士），便圍著仙人問法。當歌利王醒來時，不見眾綵女，便心中生起恚怒，及至尋得，便遷怒於那位仙人，將他的手足截割。

佛陀還是忍辱仙人時，被歌利王節節支解的故事，給了我們兩個非常重要的啟示：

第一個啟示，當時佛陀並沒有生起惡念。

第二個啟示，當時佛陀還發心要度脫歌利王；不管對方以惡緣、逆緣來對待他，佛陀還是善心發起對待歌利王。

當我們看到這樣的實例，反觀我們自身，自己是否能做到？往昔佛陀被歌利王割截身體，凌遲寸斷，這時候佛陀如何面對呢？這就是在檢證了，這個時候有人相、我相、眾生相、壽者相嗎？如果有這些相，在節節支解的時候，就會生起瞋恨心。但是佛陀並沒有絲毫的瞋恨心，由此我們可以檢證，佛陀當時並沒有執著我相、人相、眾生相、壽者相，否則必然生起瞋恨心，也因此他當時便被授記成佛。

接著經文告訴我們：發起無量無邊的菩提心是趨入《金剛經》根本的一個方便。有了正見，離一切相之後，就要真實的發心，也就是無所住而發起這個心，所以說：

「應無所住而生其心，生其心時應無所住」。對於無住生心，應如實的思惟，如實的實踐，而《金剛經》的整個要義，也就在這裡。

將本段經文運用到日常的生活中時，我們要常常反觀自身，當他人的一句話、一個侮辱對著我們時，你是否會生起瞋恨心，如果是無我相、無人相、無眾生相、無壽者相的話，就沒有絲毫的瞋恨心。相反的，如果有瞋恨心的話，就表示還沒有做到《金剛經》的境界，還要多多努力啊！

《金剛經》的經義很簡單，就是無相布施，無相行六度萬行。

◈無相布施

如果能夠不住相布施的話，福德是不可思量的。一個修習佛法的人是否重視福德呢？當然重視福德。貪不貪求福德？當然貪求福德。有些人說：我修學佛法，一切福德我都不要，一聽到此話心中就了知：唉！是個初學者。

為什麼說通通不要、通通捨棄、不貪求福德只是初學者而已？是的！可以肯定地說這只是初學者的見地而已，為什麼呢？

還是以佛陀為例子，佛陀是個重視福德又很精進修持福德的一個人。在花蓮慈濟醫院的牆壁上，有一幅佛陀看護病人的圖。這故事是有人問佛陀：為何還要去探望病人？佛陀回答說：「探病有很大的福德！我是最重視福德的。」不僅如此，佛陀還會為瞎眼的弟子阿那律穿針縫衣服，還替弟子洗衣服、洗傷口。佛陀為什麼要如此做？我認為這顯示了佛陀真實的偉大，他以身作證，以佛陀之尊貴來作最踏實、最基本的事。雖然他算是宇宙中福德最大的人，但是依然很精進的勤修福德，因為福德永遠也不會嫌太多的。為什麼？因為悲憫眾生的緣故，如果沒有廣大福德如何給予眾生濟度呢？

阿羅漢可以不要福德，因為他只有一期生死，反觀菩薩可以不要福德嗎？我們看看每一尊菩薩都是七寶纓絡隨身，這也是有福德的表示。當我們要在世間幫助眾生，必須有無量的資源、福德才足夠。

但是也有些菩薩為了要示現另一種清淨修法的莊嚴，而用不同的方式展現，例如密勒日巴就是這樣。因為密勒日巴很窮，所以當他要幫助窮人的時候，或許會說：「沒關係啦！我比你還窮仍然可以修行，所以我們只要好好修行就好！」這是示現清淨無染、貧寒安樂的莊嚴，不是在福德上下功夫的。這當然也是一種很大的方便，可以鼓勵眾生砥礪修行，也可以說是積聚法的寶藏。

大多數的菩薩行，就是積聚無量福德來滿足眾生的各種需要，所以如果一個菩薩很有錢，遇到眾生有病苦而沒錢醫治，就可以花錢請最好的大夫為他治病，讓他得到最好的照顧，得免於病痛之苦，這也是一種很大的圓滿菩薩行。所以，福德是不可思量，作用也是不可思量的。

◆布施的層次

布施有很多層次，最高的層次是無相布施。無相布施的福德是不可思量的。那麼，最低層次的布施是什麼？就是初發心菩薩剛學布施，只肯布施給別人，而不肯接受別人的布施。

第二層次的布施是布施給別人，並且接受別人的布施。他接受布施作什麼呢？不一定要給自己，也可以再施與別人。因為無我相、人相、眾生相、壽者相，還有誰布施給誰的差別嗎？

如果還認為：「我怎麼可以接受布施而折損我的福德呢？」如果有這樣的想法，仍然是在執著我相、人相之中啊！

菩薩的布施是空華佛事，如夢幻泡影，如露亦如電，右手來左手去，左手來右手去，在這樣良善的流轉中，布施作用也相形地增加，福氣也就會更大。就經濟學的投資報酬率而言，一塊錢的投資永遠不只是一塊錢，投資一百億，相關性的產業一旦串連一起運作，就不只這個價值了。

所以同樣的，這世間相的運作就是這樣被創造出來的，菩薩在世間會創出這些如幻的事情，他會左手來右手去，右手來左右手一起出去，在流轉變化中就多賺一些錢，錢多一些轉動就更大一些，作用也就更大，度眾生的力量也就更強了。所以我從《金剛經》裡頭了悟到一個企業該怎麼去推動。口訣是：「企業即布施，利潤即福報，輾轉諸世間，圓滿善循環。」所以較高明的布施是布施他人，也能接受別人的布施，到最後就是無相布施，布施者、被布施的對象、布施的行為三輪體空。

不住相是智慧，布施是悲心，所以悲智雙運，具足悲智就能轉增無量福德。所以我們可以把布施與福德寫成一個數學式子：

$FD(N,Y)=Y$

N/FD=福德量

N=布施量

Y = 布施的我執量

若 $Y=0, N>0$　則 $FD(X,Y)=\infty$

ＦＤ是福德量，當我執的程度降至最低，亦即能無相布施，那麼得出的ＦＤ就是無限大、就是無量。

有些人是無相布施，布施了一百萬，卻不會故意把名字刻在石柱上，那麼他的功德是一百萬或大於一百萬；有些人比較好大喜功誇大心重，布施一百萬就說成一千萬，那麼他的功德經過我執這麼一除，只剩十萬而已。

中國人喜歡講積陰德，雖然他只捐一百萬，但是他的功德卻成了一千萬。陰德是很好的！我們要作陰德而不要作陽德，例如救人到醫院但卻不到處宣揚，愈不宣揚功德愈大。

但是有些人把他做的好事講出來，並不是為了誇大、彰顯自己，而是要讓別人也跟著他做好事，像終身義工孫越先生，他出現在媒體以自身的例子來感動別人，呼籲大家跟進。因為受孫越先生的影響而去作的功德，也都會算在孫越先生的身上（自身當然也有「功德），這就是創造性的隨喜。佛法裡有所謂的隨喜功德，就是別人做了好事我們隨喜讚嘆他，我們的功德會跟他一樣。①

◆無相布施的功德

在布施時，是否安住在無相中是很重要的，因為這是整個質的提昇，其價值絕對超越布施的多寡——那只是量的增加，布施再多仍不如無相布施的功德大。

在佛陀當時有一個老女人，她在佛陀說法時，罄其所有來供養佛陀一盞燈。而另外有一個國王也供養了燈，但是卻是供養了滿屋子的燈。時間一分一秒地流逝，國王的燈全部都熄掉了，但是老女人的這盞燈卻愈點愈亮，國王看了心裡很不服氣，佛陀便告訴他這其中的原因：「因為老女人是不住相的發心，以最恭敬的心，罄其全部所有來供養這盞燈；反觀這滿屋子的燈所花費的金錢，對國王而言只是九牛一毛，隨手可作，不痛不癢的。所以這個老女人所供養的燈不只現在會亮，而且這個福德會使她將來成佛。」

由這個故事我們可以知道：不住相布施的果報就是成佛，這是絕對的，無法打折扣的。而且我們布施金錢的多寡與我們的心理程度有相關，心理程度就是我們的心相，如果你只有一百萬，卻捐了九十九萬，能捨心很大，這功德很不得了；如果身上有一百億，捐了一億，能捨的心就弱了些，功德就比較沒那麼大。所以這些都與我們心理的感受有很深刻的關係，平時我們可以把它視為一種鍛鍊、一種修行的過程，慢慢將能捨之心擴大。

阿育王的前世曾遇見過佛陀，當時他是個小孩子，供養佛陀一盆沙，小孩子沒有什麼錢財，所以把他認為最好的沙子供養給佛陀，後來因為這個福報的關係而當了阿育王。由這故事可以了知：一定要無住相來布施。如果現在沒有辦法馬上做到，我們先將無相布施的正見先建立起來，再慢慢形成覺受，然後實際證得。

發心是可以培養的，起初可能會不太習慣，比如有一個人願意發心，但是這個人就是生性較為吝嗇，沒有關係！可以從小地方開始練習布施。例如：我們可以偶而向兜售口香糖的殘障朋友買條口香糖，而且我服膺一個原則，雖然我們不是要口香糖，但是我付了錢一定會跟他拿口香糖，為什麼？因為要讓他們建立自尊心。你雖然要幫助他，但是要尊重他的存在，確實讓他認為自己是個有尊嚴的生命。

所以我們在做布施時要注意這一點，我們要「不食嗟來食」，但不要成了喊「嗟來食」的那個人。我們要尊敬他們，他們是我們的福田，看待他們都是佛菩薩，坐在那兒讓我們供養。起先，我們的口袋可能會很深而手卻很短，漸漸的，我們從五元、十元、五十元、一百元慢慢的隨順，我們的口袋就會變淺，手也會變長了。但是隨順也要有智慧的分別，不要眼睛閉著就丟錢，無相布施是依無為法而有差別，該放在哪裏都要清楚明白，絕對不是亂丟。

所以無相布施是《金剛經》建立整個大妙用的一個心要，我們一定要不斷的練習，不斷的成就。這無相布施當然也包括法的布施，為人解說《金剛經》中的四句偈者：「一切有為法，如夢幻泡影，如露亦如電，應作如是觀。」如果一時無法解說，就先背給別人聽。也可以先背給我們身體內在的眾生聽，最好能把整個《金剛經》背起來，至少潛意識能夠知道，沒事時念誦，在腦中轉動一下，坐車時念誦，走路時轉，時時布施給身內的眾生聽。慢慢的，我們具足福德了，就可以為人解說，不取一相，如如不動。

到最後我們會了知，一切法無所得，實無有法發阿耨多羅三藐三菩提心者，實無有法名受者，實無有法可得者。所以沒有阿羅漢可得，沒有佛法可得，也沒有少分的佛可得，一切無可得的緣故，現證得佛，就是這個！

受持金剛經的功德

經文

「須菩提！若有善男子善女人，初日分以恒河沙等身布施，中日分復以恒河沙等身布施，後日分亦以恒河沙等身布施，如是無量百千萬億劫以身布施；若復有人聞此經典信心不逆，其福勝彼，何況書寫、受持、讀誦、爲人解說！

「須菩提！以要言之，是經有不可思議、不可稱量、無邊功德！如來為發大乘者說，為發最上乘者說。若有人能受持、讀誦、廣為人說，如來悉知是人、悉見是人，皆得成就不可量、不可稱、無有邊、不可思議功德。如是人等，則為荷擔如來阿耨多羅三藐三菩提。何以故？須菩提！若樂小法者，著我見、人見、眾生見、壽者見，則於此經不能聽受、讀誦、為人解說。

「須菩提！在在處處若有此經，一切世間、天、人、阿修羅所應供養；當知此處則為是塔，皆應恭敬作禮圍繞，以諸華香而散其處。」

白話語譯

「須菩提！假若有善男子、善女人，在每天清晨以相當於恆河沙數的身體性命用來布施，中午時又以恆河沙數量的身體性命用來布施，在晚上亦以恆河沙數量的身體性命用來布施，如此經過了無量百千萬億劫以身體性命用來布施；但是假若有人聽聞這部經典生起信心而不違逆，他的福德又超勝過於前者。何況是書寫、受持、讀誦、為他人解說這部經典！

「須菩提！以簡要的方式來說明，這部經典有不可思議，不可稱量、無邊的功德！如來是為發起大乘心者宣說，為發起最上乘者宣說。假若有人能夠受持、讀誦、廣為他人宣說，如來能完全知曉是人、能完全明見是人，他們都得以成就不可量、不可稱、無有邊、不可思議的殊勝功德，而這些人等，即為肩荷承擔如來無上正等正覺者。為什麼呢？須菩提！假若樂於小法者，則執著於我見、人見、眾生見、壽者見，那麼則於這部經典不能夠聽聞受持、讀誦、為他人解說。

「須菩提！在在處處假若有這部經典，一切世間的天、人、阿修羅等，都應當供養崇敬；應當知曉這個地方就是佛塔所在之處，都應當恭敬作禮圍遶，用各種諸香華、好香來遍散其處。」

解說

在本段經文中，又再校量一次受持《金剛經》的功德，而《金剛經》所在之處，應當知曉這個地方就是佛塔的所在，都應該恭敬圍繞，極力供養。

清淨業障

經文

「復次，須菩提！善男子善女人，受持、讀誦此經，若爲人輕賤，是人先世罪業應墮惡道，以今世人輕賤故，先世罪業則爲消滅，當得阿耨多羅三藐三菩提。

「須菩提！我念過去無量阿僧祇劫，於然燈佛前，得值八百四千萬億那由他諸佛，悉皆供養承事，無空過者。若復有人於後末世，能受持、讀誦此經所得功德，於我所供養諸佛功德，百分不及一，千萬億分，乃至算數譬喻所不能及。

「須菩提！若善男子善女人，於後末世，有受持、讀誦此經，所得功德，我若具說者，或有人聞，心則狂亂，狐疑不信。須菩提！當知是經義不可思議，果報亦不可思議！」

白話語譯

「其次，須菩提！善男子、善女人，受持、讀誦這部經典，假若被他人所輕賤，這人的先世罪業，本應當墮於惡道，由以今世遭人輕賤的緣故，所以先世的罪業就消滅了，並且未來當證得無上正等正覺。

「須菩提！我憶念過去無量阿僧祇劫時，在然燈佛之前，得以值遇八百四千萬億那由他數量的諸位佛陀，我全部都予以供養承事，沒有空過而未供養承事者。假若有人在往後末世間，能夠受持、讀誦這部經典所獲得的功德，相較於我所供養承事諸佛的功德，當時事佛的功德是不及其百分之一，千萬億分之一，乃至用算數譬喻也不能及其功德數量。

「須菩提！假若善男子、善女人，於往後末世中，有受持、讀誦這部經典者，所獲得的殊勝功德，我如果全部說出的話，假若有人聽聞，他的心中將生起狂亂、狐疑、無法相信。須菩提！應當知曉這部經典的經義實在不可思議，果報也是不可思議！」

解說

在本段經文中提及誦持《金剛經》可以清淨業障，甚至連過去世的罪業都會消除，而得證無上菩提。

「若善男子善女人受持讀誦此經若為人輕賤，是人先世罪業，則為消滅，當得阿多羅三藐三菩提。」一般來講讀誦經典會有功德，但若讀誦《金剛經》之後，反而好像特別「壞運」、被人輕賤，這是表示以前的罪業已消滅，將來會得正果。

其實這是心態的問題，當我們在順境時，順利的事情不斷地連續下去，恐怕這是有問題的，因為這好像不斷的把福德洩掉。就像我們去旅行時，花錢花得很爽快，不知不覺將錢都花光了；但是反過來看，很多人碰到一些惡業現起時，都顯得好沮喪、好難過。我們面對這樣的景況時，反應常常都滿顛倒的。其實當我們惡業現前時，除非我們又去做惡事，如果不是這樣，卻因為讀誦佛經而惡業現起，這是否顯示我們已經在還債呢？其實這是清淨的過程。

所以，當我們碰到境界現前時，不要太難過，反而應當欣喜；如果越來越順利，順利的讓自己好像站在雲端，這恐怕要慎思是否功德不斷地洩掉了。就像我們升到天上享天福時，可不要太高興，因為我們到天上去是需要福德的，可是當福德用盡時，在天上是無法再累積福德，那就要下墮了，因此才有天上是惡處的說法。所以人間才是能夠積聚更廣大福德的地方。

因此，我們要改變自己的心態，如果沒做什麼壞事，碰到惡業現起時，不要難過、不安，心中應該歡喜；如果我們沒特別做什麼好事，卻碰到喜事生起時，不要得意忘形，應該心生警惕，這樣才是正確的心態。

經文中的先世罪業消滅，只是平常之事，最重要的是當得阿耨多羅三藐三菩提才是重要的。

佛陀接著說：「須菩提！我念過去無量阿僧祇劫，於然燈佛前，得值八百四千萬億那由他諸佛，悉皆供養承事，無空過者。若復有人於後末世，能受持、讀誦此經所得功德，於我供養諸佛功德，百分不及一，千萬億分乃至算數譬喻所不能及。須菩提！若善男子善女人，於後末世，有受持、讀誦此經，所得功德，我若具說者，或有人聞，心則狂亂，孤疑不信。須菩提！當知是經義不可思議，果報亦不可思議！」

有人聽了《金剛經》的功德甚至會發瘋，或是不相信功德會那麼大，但是，誠心的希望我們能夠具足這些功德。因為當我們執著或不相信時，都是沒辦法具足這些功德的。

究竟的無我之法

經文

爾時，須菩提白佛言：「世尊！善男子善女人，發阿耨多羅三藐三菩提心，云何應住？云何降伏其心？」佛告須菩提：「善男子善女人發阿耨多羅三藐三菩提者，當生如是心：我應滅度一切眾生，滅度一切眾生已，而無有一眾生實滅度者。何以故？須菩提！若菩薩有我相、人相、眾生相、壽者相，則非菩薩。所以者何？須菩提！實無有法發阿耨多羅三藐三菩提者。」

「須菩提！於意云何？如來於然燈佛所，有法得阿耨多羅三藐三菩提不？」「不也！世尊！如我解佛所說義，佛於然燈佛所，無有法得阿耨多羅三藐三菩提。」佛言：「如是！如是！須菩提！實無有法如來得阿耨多羅三藐三菩提。須菩提！若有法如來得阿耨多羅三藐三菩提者，然燈佛則不與我受記：『汝於來世當得作佛，號釋迦牟尼。』以實無有法得阿耨多羅三藐三菩提，是故然燈佛與我受記，作是言：『汝於來世當得作佛，號釋迦牟尼。』何以故？如來者，即諸法如義。若有人言：如來得阿耨多羅三藐三菩提，須菩提！實無有法佛得阿耨多羅三藐三菩提。須菩提！如來所得阿耨多羅三藐三菩提，於是中無實無虛。是故如來說一切法皆是佛法。須菩提！所言一切法者，即非一切法，是故名一切法。

「須菩提！譬如人身長大。」須菩提言：「世尊！如來說人身長大，則爲非大身，是名大身。」

「須菩提！菩薩亦如是。若作是言：我當滅度無量眾生，則不名菩薩。何以故？須菩提！實無有法名爲菩薩。是故佛說：一切法無我、無人、無眾生、無壽者。

「須菩提！若菩薩作是言：我當莊嚴佛土，是不名菩薩。何以故？如來說莊嚴佛土者，即非莊嚴，是名莊嚴。須菩提！若菩薩通達無我法者，如來說名眞是菩薩。」

白話語譯

這時，須菩提告訴佛陀說：「世尊！善男子、善女人，發起無上菩提心，應當如何安住？如何降伏他的心而安住於無上菩提呢？」佛陀告訴須菩提：「善男子、善女人發起無上菩提心，應當生起如是的心：我應當滅度一切眾生，滅度一切眾生之後，事實上卻沒有一位眾生實有滅度者。為什麼呢？須菩提！假若菩薩執著有我相、人相、眾生相、壽者相，就不是菩薩。為什麼呢？須菩提！實在沒有法叫做發起無上菩提心者。」

「須菩提！你認為如何呢？如來在然燈佛前，是否有法證得無上正等正覺呢？」「沒有啊！世尊！如我體解佛陀所說的義理，佛陀在然燈佛所，並沒有法得證無上正等正覺。」佛陀說：「如是！如是！須菩提！其實並沒有法如來得證無上正等正覺。須菩提！假若有法如來證得無上菩提的話，那麼然燈佛就不會給與我授記說：『你在來世當得以作佛，稱號為釋迦牟尼。』因為實在沒有法得證無上正等正覺，所以然燈佛給我授記，而說：『你在來世當得以作佛，稱號為釋迦牟尼。』為什麼呢？所謂如來者，就是諸法真如之義。如果有人說：如來證得無上正等正覺，須菩提！實在並沒有法，佛陀證得無上正等正覺。須菩提！如來所證得的無上正等正覺，在這當中沒有真實也沒有虛妄。所以如來宣說：一切的法，都是佛法。須菩提！佛陀所說的一切法者，即非一切法，所以名為一切法。

「須菩提！譬如有人的身相十分的長大。」須菩提說：「世尊！如來所說有人具足極大的身相，即為不是大身，所以名為大身。」

「須菩提！菩薩也是如此。假如他宣說道：我應當滅度無量眾生，那麼他就不名為菩薩了。為什麼呢？須菩提！實在並沒有法，稱名為菩薩。所以佛陀宣說一切的諸法都是無我、無人、無眾生、無壽者的。

「須菩提！假如，菩薩如此的宣說：我應當莊嚴佛土，那麼他就不名為菩薩。為什麼呢？如來所說的莊嚴佛土者，即非莊嚴佛土，所以名為莊嚴佛土。須菩提！假如有菩薩通達一切無我法的話，那麼如來就宣說稱名他為真是菩薩。」

解說

《金剛經》的經文從第一分到第十六分講的是「般若道」，從第十七分到第卅二分，講的是「方便道」。所以從本章節「究竟無我」開始，是方便道的開始。同樣的經文又重述一次，但是著眼點不同，從本段經文開始是從「方便道」切入，以遠離般若的執著。

「無住而住」，是住在「般若道」；「住而無住」則是「方便道」。

入般若，是住於畢竟空；然而住於般若，會產生般若的執著。所以，菩薩需要方便力，才能出於般若的執著，正所謂「菩薩將出畢竟空，莊嚴佛土、成熟眾生」，就是以方便力出般若智。

「爾時，須菩提白佛言：『世尊！善男子、善女人，發阿耨多三藐三菩提心，云何應住？云何降伏其心？』」也就是說明這個道理。第一分的經文是「應云何住」，這邊是「云何應住」，所以這兩者不一樣，這是經本的不同，但是重點不在這裡。

重點是佛陀告訴須菩提：善男子、善女人發阿耨多羅三藐三菩提心者，應當生起這樣的心：我應滅度一切眾生，眾生得到救度之後，卻沒有一個眾生得到滅度者。何以故，須菩提，如果菩薩有我相、人相、眾生相、壽者相的話，就不是菩薩，所以者何？須菩提，實在沒有定法，發阿耨多羅三藐三菩提心者。

沒有眾生，怎麼會有度眾生這一回事呢？所以經中說「須菩提，於意云何？如來在燃燈佛所，有法得阿耨多羅三藐三菩提否？」釋迦牟尼佛在燃燈佛那裡，有沒有法得到無上正等正覺呢？「否也，世尊！」答案是沒有，如果沒有的話，那麼是誰成就如來呢？

須菩提的回答是：如他解讀佛陀所說的意義，佛陀於然燈佛之處，沒有法得阿耨多羅三藐三菩提。

佛陀說以無有法得阿耨多羅三藐三菩提，所以然燈佛與我授記。

接著須菩提說：「世尊，如來說人身長大，則為非大身，是名大身。」試想一下，多大稱為大身呢？例如在彌勒佛時代的人類很高大，與現在的人類比起來，我們可稱為人頭蟲；又如普賢菩薩有一次去觀世音菩薩的毛孔中旅行，旅行十二劫之後，還跑不出來。觀世音菩薩的毛孔裡面有很多的佛菩薩，很多的世界；試想：這樣的世界大嗎？

從以上的例子看來，什麼是大？什麼是小？大與小的概念是變得模糊難界定了，這都是因應於因緣而產生的。

「須菩提！菩薩亦如是，若作是言：我當滅度無量眾生，則不名菩薩。何以故？須菩提！實無有法名為菩薩，是故佛說：一切法無我、無人、無眾生、無壽者。」

當我們看此段經文時，我們回看自身，當我們執著這個事情時，很多人就說：「那我不執著，我講講就好了！」但話說回來，這又是執著「講講的就好」。

「須菩提，若菩薩作是言：我當莊嚴佛土，則不名菩薩。何以故？如來說莊嚴佛土者，則非莊嚴，是名莊嚴。須菩提：若菩薩通達無我法者，如來說名真是菩薩。」在此重述菩薩的兩個大願，一是救度眾生，一是莊嚴佛土。菩薩以無我法行菩薩道，以無我法度化眾生是真名菩薩。

在法界一體中同等觀照

經文

「須菩提！於意云何？如來有肉眼不？」「如是！世尊！如來有肉眼。」「須菩提！於意云何？如來有天眼不？」「如是，世尊！如來有天眼。」「須菩提！於意云何？如來有慧眼不？」「如是！世尊！如來有慧眼。」「須菩提！於意云何？如來有法眼不？」「如是！世尊！如來有法眼。」「須菩提！於意云何？如來有佛眼不？」「如是！世尊！如來有佛眼。」「須菩提！於意云何？恒河中所有沙，佛說是沙不？」「如是！世尊！如來說是沙。」「須菩提！於意云何？如一恒河中所有沙，有如是等恒河，是諸恒河所有沙數佛世界，如是寧爲多不？」「甚多！世尊！」佛告須菩提：「爾所國土中所有衆生若干種心，如來悉知。何以故？如來說諸心，皆爲非心，是名爲心。所以者何？須菩提！過去心不可得，現在心不可得，未來心不可得。」

白話語譯

「須菩提！你認為如何？如來是不是具有肉眼呢？」「是的！世尊！如來具有肉眼。」「須菩提！你認為如何？如來是否具有天眼呢？」「是的，世尊！如來具有天眼。」「須菩提！你認為如何？如來是否具有慧眼呢？」「是的！世尊！如來具有慧眼。」「須菩提！你認為如何？如來是否具有法眼？」「是的！世尊！如來具有法眼。」「須菩提！你認為如何？如來是否具有佛眼？」「是的！世尊！如來具有佛眼。」「須菩提！你認為如何？如同恒河中所有的沙，佛陀說這是否為沙呢？」「是的！世尊！如來說這是沙。」「須菩提！你認為如何？如同一恆河中所有的沙，有這些沙數等的恆河，這些恆河中所有沙數佛的世界，是否是很多呢？」「十分的多！世尊！」佛陀告訴須菩提：「這些國土中所有的眾生不管有若干種的心，如來能完全知曉。為什麼呢？如來所說的各種心，都是非心，所以是名為心。為什麼呢？須菩提！過去的心不可得，現在的心不可得，未來的心也不可得。」

解說

佛陀可以將法界一切，一體同為觀察，而且能夠完全明了知曉，因為佛陀所說法界眾生的各種心都是非心，所以是名為心，而且過去、未來、現在三心皆不可得，因為諸心非心，因此可以完全知曉眾生的心念。

◆五眼自在

五眼是照了諸法事理的五種眼，即肉眼、天眼、慧眼、法眼、佛眼。肉眼是指世間人類的眼根，能分明照見事物現象。天眼是指天趣眾生或由禪定境界而得的眼。

雖有障礙亦能穿透，遠、廣、還有微細事物都可以看見。此外，還有可以觀見未來的因緣。

慧眼是指阿羅漢或緣覺所照見空理的智慧。法眼是指能知一切凡聖的根性，審細了知差別諸法，洞觀如幻緣起的智慧力。佛眼是指能觀照一切法，究竟證知諸法實相的智慧力。

為什麼如來具足五眼呢？事實上，如來的五眼不可得，所以能夠五眼自在。而且，為什麼如來能夠了解一切眾生的心呢？因為如來說諸心，皆為非心，是名為心。如果執著過去的心，如何能了解眾生的心呢？因為如來對於過去、現在、未來的心皆不執著，皆不可得，所以能夠了知眾生的心。

關於三心了不可得，在我國禪宗有個膾炙人口的故事：從前有位有名的德山禪師，在未轉入禪宗之前，對於《金剛般若經》曾下過一番研究的工夫，並自以為很有心得，特別寫了一部書註解金剛經，名為《青龍疏鈔》。有一天，從北方到南方來，路上遇到一個賣餅的婆子，正好這時德山感到飢餓，於是向婆子買餅來當點心吃。賣餅的婆子很怪，不立即賣餅給他，卻問他背上揹的是什麼？德山很老實的告訴她說：我揹的是註解金剛經的《青龍疏鈔》。賣餅的婆子接著對他說：我知道《金剛經》裏說有過去心不可得，現在心不可得，未來心不可得的三句話，那我現在問你，你買點心是點那個心？假若你答得對了，這個餅就算我供養你。德山經她這麼一問，竟然不知如何以對。於是知道平時專在書本上用工夫不行，因而毫不猶豫的燒掉自己所著的《青龍疏鈔》，到龍潭苦參了一段時期，直到有次吹滅紙燈時，始悟其中真義。

法界的流通教化

經文

「須菩提！於意云何？若有人滿三千大千世界七寶以用布施，是人以是因緣，得福多不？」「如是！世尊！此人以是因緣，得福甚多。」「須菩提！若福德有實，如來不說得福德多；以福德無故，如來說得福德多。」

白話語譯

「須菩提！你認為如何？假如有人以充滿三千大千世界的七種珍寶來布施，這人以這樣的因緣，是否獲得很多的福德？」「是的！世尊！這人以這樣的因緣，獲得十分衆多的福德。」「須菩提！假若福德是實有的，如來就不會說得到甚多的福德；因為福德無有的緣故，所以如來說獲得甚多的福德。」

解說

本段經文中闡述福德的真實體性，如果福德有真實，如來就不說得福德多，如此理解則福德如有實體，則福德就有多少的數量性，眾生的矛盾即在此，因為我們希望獲得更多福德，又希望福德固定不變，福德如果恆常不變，那麼福德便無法增長了。

所以，佛法就是要讓我們的心不顛倒，脫開這種矛盾觀念的困局。因此，福德在此做了廣泛的運用。

「以福德無故，如來說福德多。」「無」是無所執著，心中無有執著，性空的緣故，才能夠積聚福德，才可稱之為福德多；也因為如幻的緣故，因為空花佛事才可稱之為多。

遠離色身、遠離諸相見如來

經文

「須菩提！於意云何？佛可以具足色身見不？」「不也！世尊！如來不應以具足色身見，何以故？如來說具足色身，即非具足色身，是名具足色身。」「須菩提！於意云何？如來可以具足諸相見不？」「不也！世尊！如來不應以具足諸相見。何以故？如來說諸相具足，即非具足，是名諸相具足。」

白話語譯

「須菩提！你認為如何？佛陀是否可以用具足圓滿的色身來觀見呢？」「不能啊！世尊！不應當以具足圓滿色身的相來見如來，為什麼呢？如來說具足圓滿色身，即非具足圓滿色身，是名具足圓滿色身。」「須菩提！你認為如何？如來是否可以藉由具足諸相來觀見呢？」「不能啊！世尊！不應以具足諸相見如來。為什麼呢？如來說諸相具足，即非具足，所以名為諸相具足。」

解說

在這個偈頌中，我們可以看出整部《金剛經》的完整論法，而且，它不僅是一種觀點，也是現成的事實；從這樣的實相，發展出幫助大家修行無上菩提的圓滿次第。

一般我們說如來是具足三十二相、八十種好才稱為如來，現在《金剛經》要打破這個觀念。

「佛可以具足色身見不？」什麼是具足色身見呢？事實上沒有定法可以具足色身，因為「如來說具足色身，即非具足色身，是名具足色身。」

接著又說：「如來可以具足諸相見不？」同樣再以三段論法來處理。「如來不應以具足諸相見……如來說諸相具足即非具足，是名諸相具足。」

所以如來不應以具足色相見，不應以具足諸相見，如果執著具足色相、諸相來見如來，這是妄見，在此段經文中，直接將我們根本的執著打破。

無說法而說法

經文

「須菩提！汝勿謂如來作是念：我當有所說法。莫作是念！何以故？若人言如來有所說法，即爲謗佛，不能解我所說故。須菩提！說法者，無法可說，是名說法。」

爾時，慧命須菩提白佛言：「世尊！頗有眾生於未來世聞說是法，生信心不？」佛言：「須菩提！彼非眾生，非不眾生。何以故？須菩提！眾生眾生者，如來說非眾生，是名眾生。」

白話語譯

「須菩提！你不要認為如來有如此的心念：我應當有所說法。不要作如此的心念！為什麼呢？假若有人說『如來有所說法』，那麼就是毀謗佛陀，不能明解我所說法的緣故。須菩提！說法者，實在並無法可說，所以是名為說法。」

這時，慧命須菩提告訴佛陀說：「世尊！是否有衆生在未來世聽聞這法，而生起信心呢？」佛陀說：「須菩提！他們並非衆生，也非不是衆生。為什麼呢？須菩提！所謂衆生、衆生者，如來宣說並非衆生，所以名為衆生。」

解說

在這個偈頌中，佛陀告訴我們，不要認為佛陀有所說法，這是誹謗佛陀，而以所謂說法，即非說法，是名說法，道出說法的實相。

「汝勿謂如來作是念：我當有所說法。」當這樣的觀念提出時，是將我執連根拔起，讓我們不能存有一絲一毫的貪執。

「莫作是念！何以故？若人言如來有所說法，即為謗佛，不能解我所說故。」在《大般涅槃經》中也如此記載：「知如來常不說法，亦名菩薩具足多聞。」在此以一個完全相反的觀點來說明：知道如來恆常不說法，是名菩薩具足多聞。這兩部經典同樣都提出這樣的觀點。我們不禁要想，菩薩不是要聽很多法才能具足多聞嗎？為什麼在此反而是說如來常不說法？

「須菩提！說法者，無法可說，是名說法。」接下來做了一番解釋。須菩提，真正的說法者，是無法可說，而名為說法。

從前面的經文中，佛陀告訴我們，筏喻的例子，法是要幫助我們度脫生死的，試問當們脫離了生死輪迴，法又何在呢？所以，法是空性。

在「永嘉玄覺證道歌」中就如此記載著：「但向懷中解垢衣，莫向他人誇精進。」修行是將自己身上垢染的衣服拿掉，而不是向他人誇說自己很精進。

總歸而言，佛法只是要幫助我們解縛而已，眾生就像在深海中緊抓著水草不放的溺水者，有人勸說：「你只要放手就好了，放手就浮上去了。」這人卻堅執不相信，不肯放手，以為放手就死了。這例子是說明：我們都是將煩惱綁在自己身上，煩惱絕不會自己抓住我們，所以要了解：佛法只是幫助我們解縛罷了。

從如來這個主體或是所說法的角度而言，這二者都是無生，所以《金剛經》說如果說如來有所說法，即為誹謗佛陀，因為說主與說法二者都是不可得。

眾生相根本是不可得，在不可得的因緣中顯起眾生相，一切的眾生相，只是隨著因緣顯現，根本是不可得。

當須菩提問佛陀是否有眾生在未來世中聽聞這個法，而生起信心？如果是一般人一定會回答：「有！」但是，佛陀的回答很妙，它是全面性的：「彼非眾生，非不眾生，何以故？須菩提！眾生眾生者，如來說非眾生，是名眾生。」

無法可得

經文

須菩提白佛言：「世尊！佛得阿耨多羅三藐三菩提，爲無所得耶？」「如是！如是！須菩提！我於阿耨多羅三藐三菩提，乃至無有少法可得，是名阿耨多羅三藐三菩提。」

白話語譯

須菩提問佛陀說：「世尊！佛陀證得無上正等正覺，為無所證得嗎？」佛陀說：「如是！如是！須菩提！我對於無上正等正覺，乃至於無有任何的少許之法可證得，所以名為無上正等正覺。」

解說

在此段經文中，須菩提幫助我們切入很重要的問題，他直接請問佛陀所證得的阿耨多羅三藐三菩提，是名為無所得？這樣的體悟是否正確？

佛陀回答說：「我於阿耨多羅三藐三菩提，乃至無有少法可得，是名阿耨多羅三藐三菩提。」在此很清楚的標出：如何成證無上正等正覺。練習此段經文時，可以將此偈子做為自己一生的標的，因為我們的心中如果仍然存有一法、一念可得，如此可以檢證自己沒有成證無上正等正覺。這與《心經》中的記載相同：「依般若波羅蜜多故，得阿耨多羅三藐三菩提。」《心經》中所得的主體是般若智慧，而《金剛經》則是無有少法可得，一是得到不可得的般若，一是不可得的一切諸法，所說的都是一切不可得。所以一切不可得，才名為無上正等正覺。

以清淨心來行善

經文

「復次，須菩提！是法平等，無有高下，是名阿耨多羅三藐三菩提。以無我、無人、無眾生、無壽者，修一切善法，即得阿耨多羅三藐三菩提。須菩提！所言善法者，如來說非善法，是名善法。」

白話語譯

「再者，須菩提！這法是完全平等的，其中並沒有任何的高下分別，所以才名為無上正等正覺。用無我、無人、無眾生、無壽者，來修持一切善法，即證得無上正等正覺。須菩提！這裏所說的善法者，如來宣說即非善法，因此是名為善法。」

解說

在這個經文中，佛陀告訴我們要以清淨心實行善法，但不能對善法有絲毫的執著，因為這法是平等而沒有任何高下的分別。

「是法平等，無有高下，是名阿耨多羅三藐三菩提。」佛陀是最令人尊敬的人，他的心態非常的平等、自由，沒有高下，對於僧團的每一位弟子都很平等，因為佛陀認為眾生都平等具有佛性。

佛陀性格之溫和與柔軟，實是不可思議的。從他對待弟子車匿的故事，可以明顯看出他的柔軟心性。車匿人稱為「惡口車匿」，因為他很喜歡挑撥離間，弄得僧團之間紛紛擾擾，當時的佛陀年紀已經很老了，在他臨終前告訴弟子們，當他滅度之後，要給惡口車匿最嚴重的懲罰。佛陀口中最嚴重的懲罰是什麼呢？是叫大家不要跟他說話。

這是佛陀對弟子最嚴厲的懲罰，由於這樣的懲罰，當惡口車匿要開口說話挑撥離間時，大家見他一開口便轉頭離開不與他說話，然而這樣處理的結果卻促使車匿解脫開悟。這實是佛陀不可思議的教法，他平等的面對一切，他不僅平等的對待人，對於事相也是平等對待，他的心非常的平等，視每一個人都是佛陀。

「以無我、無人、無眾生、無壽者，修一切善法，即得阿耨多羅三藐三菩提。」以無我、無人、無眾生、無壽者的心來修持一切善法，如此才能成證無上正等正覺，這就是「諸惡莫作，眾善奉行、自淨其意」，其中「自淨其意」就是無我、無人、無眾生、無壽者的心態，超越一切分別與善惡的對待。以此心態來修一切善法，才能證得無上正等正覺。

「須菩提！所言善法者，如來說非善法，是名善法。」「善法」是指對眾生最好的因緣，應該如何幫助眾生成證無上菩提的最好因緣，這是對眾生最大的利益，在每個因緣中，細細密密地柔軟幫助眾生。

什麼是善法呢？如來說非善法，是名善法。這是要我們修持善法，而不執著善法，不會流於有一個善法的樣子，這才是真正的善法。

舉例而言，像很多心理諮詢輔導老師，他們為了幫助大家解決心中的問題，很多人反而變成需要輔導的對象，陷入其中而無法自拔，這就是被善法所執著了。菩薩也可以說是幫助眾生的輔導員，這樣的輔導員需具備輔導的技巧、健康的身體與自我修復的能力，在細密觀察因緣中，來幫助眾生。

無比的福德與智慧

經文

「須菩提！若三千大千世界中所有諸須彌山王，如是等七寶聚，有人持用布施。若人以此般若波羅蜜經乃至四句偈等，受持、讀誦，爲他人說，於前福德，百分不及一，百千萬億分乃至算數譬喻所不能及。」

白話語譯

「須菩提！假如有人積聚等同三千大千世界中所有諸須彌山王的七種珍寶，再將之用來布施。假若另外有人以這部《般若波羅蜜經》乃至於其中的四句偈等，受持、讀誦、為他人解說，相較於前者的福德而言，是百分之不能及其一，百千萬億分乃至於算數譬喻都不能比擬的。」

解說

又一次在《金剛經》中出現的功德校量開示，誦持《金剛經》的福德與智慧真是廣大無比。

無有衆生可度的如來境界

經文

「須菩提！於意云何？汝等勿謂如來作是念：『我當度衆生。』須菩提！莫作是念！何以故？實無有衆生如來度者。若有衆生如來度者，如來則有我、人、衆生、壽者。須菩提！如來說有我者，則非有我，而凡夫之人以爲有我。須菩提！凡夫者，如來說則非凡夫。」

白話語譯

「須菩提！你認為如何？你們不要以為如來生起此念：『我應當救度解脫有情眾生。』須菩提！切莫生起如是的心念！為什麼呢？實在沒有眾生如來救度解脫者。假若有眾生是如來度脫者，如來就執有我、人、眾生、壽者。須菩提！如來說執有我者，即是非有我，而凡夫以為說有我。須菩提！所謂凡夫者，如來說即非凡夫，所以是名為凡夫。」

解說

我們發現佛陀常常以正面論述，再反轉來論述，從各個面向切入，來說明實相真義。這方式就像禪宗講的「捺葫蘆式」，在水中捺葫蘆，按之即轉，沒有停滯處，處處圓成，當下圓滿。所以，教化救度眾生時，不能執著於救度眾生。如此救度眾生，而實無眾生得救度者，才是如來的真實救度。

這個停滯處，即是滯於有我、人、眾生、壽者，當我們一執著就滯於此四相中。所以，不要以為佛陀有度化眾生；但是，如果又執著佛陀沒有度脫眾生，而說自己學習佛陀沒有度脫眾生，這真是錯謬！《金剛經》在此處徹底處理了這個問題。

如來說他沒有度脫眾生，因為實在無有眾生可度脫，如果有眾生是如來度脫的，那如來度脫眾生就是執著四相了。而凡夫則執著於有我，但是佛陀最後又加以說明：所謂凡夫即非凡夫，是名凡夫。

這一切的說明，都是佛陀為了轉化我們的心，讓我們遠離執著，全體明悟、了解而宣說的，如此才能轉經，否則是無法明白佛陀的教誨。佛陀的目的只為了幫助成就我們而已。

法身不能以表相來觀察

經文

「須菩提！於意云何？可以三十二相觀如來不？」須菩提言：「如是！如是！以三十二相觀如來。」佛言：「須菩提！若以三十二相觀如來者，轉輪聖王則是如來。」須菩提白佛言：「世尊！如我解佛所說義，不應以三十二相觀如來。」爾時，世尊而說偈言：

若以色見我，以音聲求我，
是人行邪道，不能見如來。

白話語譯

「須菩提！你認為如何呢？可以用莊嚴的三十二種相好來觀察如來嗎？」須菩提說：「是的！是的！以莊嚴的三十二種相好來觀察如來。」佛說：「須菩提！假若以三十二種相好來觀察如來者，那麼轉輪聖王就是如來了。」須菩提告訴佛陀說：「世尊！如我所理解的佛陀所說之義理，不應當以莊嚴的三十二種相好來觀察如來。」這時世尊宣說了以下的偈言：

若以色相見我，以音聲尋求我，
此人行於邪道，不能觀見如來。

解說

如來莊嚴的三十二種相好，是如來悲心所成就的福德！

但是，我們不能以三十二相的莊嚴相好來觀察如來，因為如來的實相是遠離一切眾相，才能明見的，如果以外在的色相、音聲，不能見到如來的實相。

如來的三十二相，無論手、腳、耳朵，全身都是圓滿具足的，這都是由慈悲心而成就的。當然，轉輪聖王也有比較粗淺的三十二相，但是由於沒有智慧，執著外相，無法昇華，所以他不似佛陀那樣圓滿；如果用黃金比擬佛陀的三十二相，那麼轉輪聖王的三十二相就好比黃銅，未經智慧的提煉昇華成為黃金。因此不應以表相的三十二相來見如來。

在中國的禪宗裡，許多人都落入斷滅見中。曾經有個學生問我：「老師，有一位禪宗修行人說他已經可以喝佛罵祖了，這是相當高的境界吧！」聽到這話，我便告訴這位學生：「如果他說他已經可以喝佛罵祖了，那麼我保證他將會下地獄。」這樣的回答是激烈了些，但有其意義存在的。學生很納悶的說：「咦！老師，有些禪宗祖師不是也都曾經喝佛罵祖嗎？」我說：「對啊！」學生又問：「這兩者不同嗎？」我說：「完全不同！『喝佛罵祖』與『他已經可以喝佛罵祖』是完全不同的。」

禪宗祖師們喝佛罵祖是依緣而說法，所以是無我相、無人相、無眾生相、無壽者相，既無諸相，怎會下地獄呢？無我相、人相、眾生相、壽者相的喝佛罵祖只是喝佛罵祖，而沒有以我、人、眾生、壽者相的執著來喝佛罵祖！沒有喝罵者，也沒有被喝罵者，如何有罪障業感呢？

如果不是如此，而以我、以人、以眾生、以壽者來喝佛罵祖的話，那就慘了！因為佛祖的功德比我們大，如此作為不是要下地獄嗎？祖師們喝佛罵祖要破除弟子對佛的執著，能現見法身佛、現見真實的佛，他們的心是無相無執，宛如圓鏡一般的，所以這樣的喝佛罵祖是方便之法。但是在緣起上我們對佛祖是要尊敬的，怎麼可以喝佛罵祖給人家看呢？又怎麼可以以斷滅見來看佛陀、祖師呢？

所以，如果仍有我執、我相而喝佛罵祖，只是自己錯解無相之法，用斷滅見來喝斷佛陀果德，如此一來將會斷如來種。那些禪宗祖師在喝佛罵祖的時候，是無我相、無人相、無眾生相、無壽者相，乃至無佛相，他不以色見佛，而是以真實故而見佛。是以真實相應來彰顯《金剛經》所說的：「若以色見我，以音聲求我，是人行邪道，不能見如來。」的法要，他不以虛妄相見如來，而是如如實實與佛相應，也等於是如實得見如來，既然如實見了如來，不就是念佛三昧的成就嗎？這是念法身佛的三昧，念實相佛的三昧，所以叫實相念佛。

有人會覺得奇怪：禪宗怎麼會證得念佛三昧？禪宗祖師曾講過：「念佛一句，漱口三日；佛之一字，我不喜聞。」乍看之下會覺得這是謗佛啊！是對佛避之唯恐不及的態度，怎麼會是念佛三昧呢？其實這是最尊敬佛的表示，是法身佛的全然表現，根本不是在謗佛。

法身實相無斷亦無滅

經文

「須菩提！汝若作是念，如來不以具足相故得阿耨多羅三藐三菩提；須菩提！莫作是念：如來不以具足相故得阿耨多羅三藐三菩提！須菩提！汝若作是念，發阿耨多羅三藐三菩提者，說諸法斷滅相。莫作是念！何以故？發阿耨多羅三藐三菩提心者，於法不說斷滅相。」

白話語譯

「須菩提！你若是生起以下的心念，如來不必以諸相具足的緣故，而證得無上正等正覺；須菩提！切莫生起如是的心念：如來不以具足衆相的緣故，而證得無上正等正覺！須菩提！假如你生起這樣的心念，而發起無上菩提心的話，那麼就是宣說諸法斷滅之相。切莫作出如此的心念！為什麼呢？發起阿耨多羅三藐三菩提心者，對於諸法則不能宣說斷滅之相。」

解說

這段經文很重要，它彰顯了《金剛經》的另外一層風貌。前面所提的是「若以色見我，以音聲求我，是人行邪道，不能見如來。」是建立無相來破有，而這一段卻是破除頑空的重要敘述，我們如果執著有無相，所以認為佛陀不必具備三十二相而成佛，那麼又落入頑空，落於斷滅見中，不能親證如來的無上福德。

所以《金剛經》在無相、無我之下，為何要一直提到福德呢？那是因為要在完全無相、破空之後，所具有的福德才是真正福德，才具有大妙用，而真福德是不可執著、不可得的、不可染污的，但是如有不具足真福德而得以成佛的話，無有是處。

所以這裡很重要，說明「空」之後接著說「有」，破有又破空，這是雙破。如果以斷滅相來見佛比以有為相來見佛更嚴重，所以說要破除頑空。前面破有，後面破無，雖然說：「不以三十二相得見如來。」但是如來一定是具足諸相的，如來一定是具足三十二相八十種好，不可能沒有三十二相八十種好而得以成佛的。因此經典裡說：「寧起我見如山高，不起斷見如芥子許。」為什麼？因為起了斷見即使斷見如芥子這麼小，也能因此斷除一切如來種。我見、邪見尚可轉，落入斷滅則如來種斷。所以我們修持《金剛經》不要落入斷滅見才好。

雖然如此，我們仍然要多作好事才是，執著去做好事比執著不去做好事好，千萬不要執著沒有任何好事可以做，這是斷滅論。斷滅相是斷滅善根，寧可執著去做好事情，也不要入於斷滅相，佛法是教我們不要執有與沒有，而不是執著沒有。

人間的邏輯概念是落於兩邊的，不是「有」、就是「沒有」，然而佛法是不落於雙邊。「空」，不是「有」、也不是「沒有」；「空」是「沒有執著」！「空」，是說「眾相是因緣和合而成，它不斷地在無常中顯現，所以它是『空』，它裡面並沒有自性！然則這『相』有沒有存在呢？當然有！但是它是虛幻的！」

譬如天花板的燈照耀著我們，但是它是虛幻的！因為當它還沒有被製造出來之前，並沒有這盞燈，將來這盞燈也會壞掉，然而現在它卻是明亮的、可以用的，如果以佛法來解說：「燈是無常的，沒有燈的自性，是因緣和合而成。」

所以，如果以佛法的觀點來看自己與父母、夫妻之間的關係，都是虛幻的；但是我們如果想：「既然父母的關係是虛幻的，那麼我們就不要承認父母。」這又執著於「斷滅相」；如果執著於「斷滅相」，那麼整個因果都亂掉了，這是有業報的。而且這種業報之重，遠遠超過一般世間孝順父母卻執著的人。所以我們要不要孝順父母？答案是肯定的！夫妻之間是否要維持良好的關係？答案是肯定的！要不要照顧子女？既然生下孩子，當然要照顧！可是千萬不要落入了世間的觀念：「照顧子女是我們天生的責任。」這句話的意思並不是說：「生孩子並沒有照顧孩子的責任」；這句話的意思乃是：「我們既然生了這個孩子，有了這個『因』，我們就應該用助緣來成就他。」這句話有很多層的意義，最深層的意義是說：「一個大乘修行者、一個菩薩，看一切眾生宛如自己的子女，是須要我們深層慈悲照顧的對象。」

所以，一個具足菩薩大悲心的父母，絕對不會溺愛子女，一定會好好教育他，把他教育成佛陀一樣（這樣當然也就不會將自己未達成的願望，投射到子女身上、強求子女來達成了）。

不受取亦不貪著福德

經文

「須菩提！若菩薩以滿恒河沙等世界七寶布施，若復有人，知一切法無我得成於忍，此菩薩勝前菩薩所得功德。須菩提！以諸菩薩不受福德故。」須菩提白佛言：「世尊！云何菩薩不受福德？」「須菩提！菩薩所作福德不應貪著，是故說不受福德。」

白話語譯

「須菩提！假若菩薩以滿溢恆河沙等世界的七種珍寶持用來布施，假如又有人，知曉一切法無我，而證得無生法忍，這位菩薩更勝於前述菩薩所獲得的功德。為什麼呢？須菩提！這是因為諸菩薩不應受取福德的緣故。」須菩提告訴佛陀說：「世尊！為什麼菩薩不應受取福德？」「須菩提！菩薩所作的福德，都不應當貪著，所以說不應受取福德。」

解說

此段經文說明了一位無生法忍的菩薩，他的智慧與悲心二者皆具足，像龍樹菩薩、提婆等大師等，他們對空觀智慧的理解愈深，對眾生的悲心也愈大。因此，菩薩不貪著福德，不執取福德。但是，這福德是否有緣起相？是否有真實性呢？答案是肯定的，所以不應執取攝受福德，而能夠具足廣大福德。

如來的威儀寂靜

經文

「須菩提！若有人言：如來若來、若去、若坐、若臥，是人不解我所說義。何以故？如來者，無所從來，亦無所去，故名如來。」

白話語譯

「須菩提！假若有人宣說：如來有來、有去、有坐、有臥，這人不明解我所宣說的法義。為什麼呢？所謂如來者，無所從來，也無所去，所以稱名為如來。」

◈如來的真相

這段經文出現了《金剛經》描寫如來的偈子，告訴我們如來的實相。

「如來者，無所從來，亦無所去，故名如來。」為什麼如來是無所從來，亦無所去呢？因為當下無生，無可來，無可去，處處不可執著，體性如故，現前如故，所以名為如來！

不可說的一合相世界

經文

「須菩提！若善男子善女人，以三千大千世界碎為微塵，於意云何？是微塵眾寧為多不？」

「甚多，世尊！何以故？若是微塵眾實有者，佛則不說是微塵眾，所以者何？佛說微塵眾，則非微塵眾，是名微塵眾。世尊！如來所說三千大千世界，則非世界，是名世界。何以故？若世界實有者，則是一合相，如來說一合相，即非一合相，是名一合相。須菩提！一合相者，則是不可說，但凡夫之人貪著其事。」

白話語譯

「須菩提！假若有善男子、善女人，用三千大千世界的大地將之碎為極微塵。你認為如何呢？這些微塵的數量是否極為多呢？」

「十分的多，世尊！為什麼呢？假若是衆多的微塵數量確為實有者，佛陀則不說這些是衆多的微塵，為何如此呢？佛陀所說的衆多微塵，則非衆多的微塵，是名為衆多的微塵。世尊！如來所說的三千大千世界，則非世界，所以是名為世界。為什麼呢？假若世界是實有存在者，即是不可分割的一合相實體，如來說所謂的一合相，即非一合相，所以名為一合相。」

須菩提！所謂一合相者，即是不可言說空無自性的，但是凡夫妄生貪著，以為有一合相的實體。」

解說

此段經文講述了極微小的微塵與極大的三千大千世界的真實面貌，這一切的世間眾相，都並非實有，所以才假名為世界。而眾生執著的一合相也是如此。

因此，如果說有眾多的微塵數量，而這些微塵是實有的話，則微塵的數量即不會是很多，因為眾多的微塵並非實有，才說是微塵眾多。

如果世界真實存有則為一合相，一合相是實有、不變的實體相，然而這實體相是不可得的，所以也就沒有不變的世界存在，所以說有所謂的一合相；而一合相根本是眾生的執著，所以一合相是不可言喻的，但是在每個人的心中卻貪著這一合相，像微塵、世界、你、我……等等，我們都將之視為一合相，事實上是沒有這些東西，只是凡夫貪著罷了，因此我們要將心中的我執摧毀，體悟一合相只是假相的存有，並非真實，才能悟入究竟的實相。

分別法相的知見不再生起

經文

「須菩提！若人言，佛說我見、人見、眾生見、壽者見，須菩提！於意云何？是人解我所說義不？」「世尊！是人不解如來所說義，何以故？世尊說我見、人見、眾生見、壽者見，即非我見、人見、眾生見、壽者見，是名我見、人見、眾生見、壽者見。」「須菩提！發阿

耨多羅三藐三菩提心者，於一切法，應如是知，如是見，如是信解，不生法相。須菩提！所言法相者，如來說即非法相，是名法相。」

白話語譯

「須菩提！假若有人說，『佛陀說有我見、人見、衆生見、壽者見，須菩提！你認為如何？此人是否瞭解我所宣說的法義呢？」「世尊！此人不瞭解如來所宣說的法義，為什麼呢？世尊說有我見、人見、衆生見、壽者見，即非有我見、人見、衆生見、壽者見，是名為有我見、人見、衆生見、壽者見。」「須菩提！發起無上菩提心者，對於一切法，應當如是的了知、如是的知見、如是的淨信明解，不生起執有法相。須菩提！這裏所說的法相，如來說明即非法相，是名為法相。」

解說

這段經文中說明事實上法界的一切衆相都是假名，所以我們對一切法，應生起如實的知見，不生起法相的執著，龍樹菩薩解釋「我」字時，他探索「我」字是否有錯誤，以下為龍樹菩薩對於文字的解說：

1.凡夫說我，執著我，有一個執著不變的相，這是有染著的心。

2.開悟的人但尚未解脫，但是了解我是虛妄的，卻仍有習慣執著的殘影、有慢心，雖然尚未完全清淨，但已沒有根本的煩惱了。

3.聖者講「我」時，心中沒有我只是指涉，一個因緣的現象，心中完全沒有執著，這才是清淨。

所以語言有三種層次，對聖者而言，說「我」是清淨的。當佛陀說我、人、眾生、壽者四相時，他的心並沒有我、人、眾生、壽者，只是指涉而已；但是當凡夫說四相時，雖然事實是非四相，但是凡夫仍然執著四相。

因此，從龍樹的解析中，我們更加明白《金剛經》的三段論法。

在實相中，如是知、如是見、如是信解，心中沒有生起任何法相執著。隨時隨地清楚明白了解眾相，而沒有任何執著，如同前面所提過去、現在、未來三心不可得，如此清楚明白是如來的心，但是如來的心即非如來的心，是名如來的心。

應現如幻如化 並非眞實

經文

「須菩提！若有人以滿無量阿僧祇世界七寶，持用布施。若有善男子善女人，發菩薩心者，持於此經，乃至四句偈等，受持讀誦，爲人演說，其福勝彼，云何爲人演說？不取於相，如如不動，何以故？

一切有爲法，　如夢幻泡影，

如露亦如電，應作如是觀。」

佛說是經已，長老須菩提，及諸比丘，比丘尼，優婆塞，優婆夷，一切世間，天人阿修羅，聞佛所說，皆大歡喜，信受奉行。

白話語譯

「須菩提！假若有人以溢滿無量阿僧祇世界的七種珍寶，持用來布施。如果有善男子、善女人，發起無上菩提心者，修持這部經典，乃至於其中的四句偈等，受持、讀誦，為他人敷演解說，他的福德勝於前者，如何為人敷演解說，不執取於色相，而安住於究竟如如不動，為什麼呢？

一切有為法，如夢幻泡影，

如露亦如電，應作如是觀。

佛陀宣說這部經典之後，長老須菩提，及所有的比丘，比丘尼，優婆塞，優婆夷，一切世間，天、人、阿修羅等，聽聞佛陀所宣說的教法，皆大歡喜，淨信受持奉行。

解說

最後再重述修持《金剛經》的功德，再次強調為人演說此經乃至四句偈等，不可執著於方法與心態。而所有聽聞佛陀教法的人，都十分歡喜、淨信受持奉行。

◈如如不動的境界

經文中的「如如不動」不是一直不動，而是所謂不動者，即非不動，是名不動。一直杵著不動是凡夫相，「如如不動」是在每一個當下都如實安住，是無生、無滅故不動，而不是有一個「不動」存在，如此又落於生滅了。

◈六喻觀

在此段文中，出現了《金剛經》有名的四句偈：「一切有為法，如夢幻泡影，如露亦如電，應作如是觀。」

我們在見地的部份講的是「斷」、「破」、「無相」，現在講的是正法的正觀修持方法。

一切有造作的其內在蘊涵著虛妄性，所以經典上才說：「一切會輪迴的諸法，就像夢、幻、泡、影、露、電那般的易逝、變化、虛幻，面對這一切種種都應該這樣來正確如實的觀想。」這就是《金剛經》著名的六喻觀：夢、幻、泡、影、露、電。

想想看，什麼是夢？夢與真實的差異性？

夢醒時我們知道它是夢，所以作夢時能在天空飛，但是夢醒時卻沒有辦法。這是第一層的看法。

第二層的看法是：不只夢是夢，一切有為的諸法都是夢，所以白天也是夢。白天既然是夢的話，那麼睡夢中的夢與白天有何差別呢？

如果白天是夢，夜裡的夢即是夢中夢。夢是依白天的覺醒而稱呼的，現在白天已非覺醒，那麼睡中夢也非夢了！而白天的夢與睡夢的夢都是同一質性的，只是厚與薄的差別而已。

再者，人生是夢的串習，為什麼呢？我們來探討一下。

試摸一下桌子，桌子摸起來是不是硬的？是不是幾塊木板連接成的？如果我們現在將桌子切成一千億份，桌子就變成薄薄的片狀，再把其中的一片切一千億次，這時還摸得到一整塊木頭嗎？我們把它淡化成一千億平方分之一的存在，它還是桌子嗎？已經摸不到了！它的物質組合極細微，細微到不可思議的程度，所以它已經不是桌子了，已經沒有桌子的形狀了，但是它是不是桌子？還是，是從桌子分解來的。

白天我們感受到身體是很實在的存在著，就像一大塊木板所成的桌子。而在夢中對身體的存在也有感受，但是卻是個很虛幻的身體，就好像被切成一千億分，每一分再切一千億次的桌子一樣。這身體組織比較不密，也因此來去可以快速，時間可以瞬間轉換。有時我們在夢中被掐脖子，或是被狗咬，那種難過與痛的感覺是很實在的，只是醒來並不會留下掐痕或齒痕。所以相對而言，夢境是比白天的實在感淡得很多。因此，如果我們把夢中的痛感加強一萬倍，可能肉體的血都會流出來了。

對一位修行成就者而言，他看白天的醒與夜晚的夢，兩者在根本體性上並無差異，只是一個是串習濃厚，一個是比較淡的。所以也可以說白天是夜晚夢的加強、重疊；夢則是白天生活的淡化；夜晚的夢境是白天意識儲藏的彰顯。如果在夜晚不斷的彰顯白天的意識而成為夢，它將會影響到白天的種種，也會影響到我們的未來。

「一切有為法如夢幻泡影」，這是依我們世間的現象來作比喻。經上說：「一切智者皆以譬喻而得解。」智者用比喻使我們比量的了知這些境界。雖然比喻還是妄相裡的一種，但是經過正確的比證之後，能夠糾正我們對妄相的錯誤觀念。夢只是如幻的現前，故言一切有為法皆如夢。就修行而言，初步是用比擬來體悟的，但是對於一個高明的修行人而言，是現證的境界，所以他不以夢來比擬一切的法。

再以樹來作比喻，假如這棵樹已有五年的生死，現在我們把時間放慢一百倍，那麼這棵樹的五年時間變成百分之一，所以從種子下去到現在五年的時間，可能芽才剛冒出來而已。這就不一樣了。如果把時間拉快一百倍，這五年的時間，這棵樹恐怕已經枯萎了。所以說，物質厚實的程度跟時間的快速與否也有關係。時間一加快就可以讓我們感覺到它像夢一樣：生與死變得很快，這裡到那裡也轉換得快速。

事實上，就整個宇宙的變化生滅而言，我們這個地球公認有兩百億年的時間，假設把兩百億年當作一天，那麼人類的壽命實在是長得無法估計了。有一部史恩康納萊所主演的片子，它的內容是：有一群地球人找到了長生不老的秘方，他們發現人之所以會老化、會死亡，是因為腦子裡有一個認為自己會老、會死的概念，這是老化的因緣，所以他們就想辦法把這個概念去除掉，結果人真的就不老死了。但是接著麻煩就大了，大家能夠長生不死卻活得不耐煩了！生命的無限延續，形成單調乏味、一成不變的生活，這太痛苦了！最後他們只好找史恩康納萊所飾演的主角來將他們自己消滅。所以要活得那麼久，我們的心靈力量必須很強，要無量壽，就要具足無量光、無量的智慧才行，否則會承受不了而垮掉的。

這些比喻都是要讓大家從外圍來了解有為法，所有的有為法都是瞬間的生滅，而這瞬間是相對應的感受。慢慢的，我們把整個心、身擴大了，智慧程度開展了，對宇宙的外相有較深刻的了解了，知道什麼是無限的時間，無限的空間的時候，就能夠了解一切的有為法都是瞬息無常的，如作夢、如幻化、如水泡一樣，皆是虛幻不實。又如朝露，也如電光。

所以這六喻：夢、幻、泡、影、露、電，對我們而言，是一種思惟、比喻，當我們能夠了解的話，就能依這種正見來思惟、來觀照一切萬物萬相。但是對於一個修行證悟的人而言，這是親見的事實！而不只是比擬而已。

此外，我們來看菩提流支所譯的：「一切有為法，如星、如翳、如燈、如幻、如露、如泡、如夢、如電、如雲，應作如是觀。」這就是九喻。星喻夜間明朗閃爍，在白晝太陽照耀下則不見蹤影，這是比喻眾生智慧昏迷，執著某種見地，且以為十分清楚明瞭，但是在大智的照耀之下，則所有的偏見消滅。

翳，就是眼疾。因為眼疾的緣故，看見了夢幻空華，看見天上有兩個月亮，以及認為有龜毛兔角等等，這些都是虛妄的境界。

燈，古代是用油燈，點燈之油就是比喻眾生貪染有為諸法的意識，所以說有貪愛為源，虛妄則不會斷除。

幻，幻化師幻化一切虛妄的影像，如山河大地、兵馬、魔鬼、恐懼等等，這一切的一切根本是沒有的，所以說如幻。

露，早晨有朝露，可是經太陽一照射就消失了。所以它是容易幻滅的泡，就是水泡。夢、電（雷電）、雲三者，這些都是有為法的比喻。鳩摩羅什所翻譯的是金剛六喻。

再來看真諦所譯的：「應觀有為法，如暗、翳、燈、幻，露、泡、夢、電、雲。」這也是九喻。達摩笈多三藏所翻譯的是：「星、翳、燈、幻、露、泡、夢、電、雲見如是，此有為者。」而義淨所翻譯的是：「一切有為法，如星、翳、燈、幻、露、泡、夢、電、雲，應作如是觀。」再看玄奘大師的：「諸和合所為，如星、翳、燈、幻、露、泡、夢、電、雲，應作如是觀。」這些都是直接指示，一切有為諸法都是如夢幻等物一般的不實。

如能依此九喻或六喻去觀照行住坐臥之事，去觀照森羅萬法，則能透入虛幻並非真實的現象，體會無相法門，了悟《金剛經》，修至《金剛經》的境界。

金剛經的生活

第3章

金剛經的人生

修學《金剛經》，最主要是要將修證跟生活緊連在一起，從《金剛經》中學習佛陀的典範，或是看六祖惠能大師由《金剛經》中的證悟境界，以《金剛經》來改變自己的生活。

我們修學《金剛經》就是要幫助自己成佛，也幫助眾生成佛。因為沒有幫助眾生成佛，自己也無法圓滿成佛的。所以，我們將《金剛經》運用在自己的日常生活中，透過《金剛經》來改變自己的生活，昇華生活的品質，讓我們的生活變成完全

《金剛經》的人生。

如果我們已經讀誦了很久的《金剛經》，然而生活與《金剛經》卻沒有絲毫的交涉，面對煩惱時，直接從貪、瞋、癡三毒直心發起，將《金剛經》的智慧拋諸腦後，一點兒也使不上力，實在是很可惜的。

希望從翻開本書的扉頁開始，試著將《金剛經》相應，將《金剛經》與生活結合在一起。開始以自己的生活為《金剛經》寫下註解，把《金剛經》當作我們生活的內容。那麼，《金剛經》就是我們生活的最高指導了。

現在開始練習讓自己的生活成為《金剛經》的註解。譬如我們現在碰到一樣自己很喜歡的東西，試著以《金剛經》來面對他；以《金剛經》的方式來思惟，思惟自己喜歡東西的背後心態。其實喜歡一個東西並沒有對或錯的問題，而是生起執著喜歡東西的心，就不是以《金剛經》來生活了。

在練習過程中要儘量清楚自己的心理，是屬於基本上生活的習慣？或是因緣條件之下的產物？不要把因緣的抉擇當作一種心理的執著來看。因緣的抉擇就是抉擇，而執著是沒有照著自己心意進行的事情就不行、就會生氣，觀察自己產生此心態時，就是違反《金剛經》了。如果發現了，就放下執著，在因緣法中自在適應，沒有執著。

生活當中的很多事情，都可以用來註解《金剛經》，這是我們當下，把這一生當作《金剛經》來處理。

◆人間就是金剛經的道場

對於修持《金剛經》的人而言，我們所生存的空間與環境，就是我們修行的道場！而在一切道場當中，則以人間為最大的道場，正如同釋迦牟尼佛所說：「諸佛皆出人間、從不在天上成佛。」人間乃是生命的主導體，處於六道四生最核心的位置。因為天人正樂、地獄正苦，都不利於修行成道，唯有人間苦樂適中，最有成佛的因緣。所以《金剛經》開經就記述：「世尊食時，著衣持鉢入舍衛大城乞食，於其城中次第乞已，還至本處，飯食訖，收衣鉢，洗足已，敷座而坐。」這是佛陀在人間生活行為的寫照。

所以，我們如果想成為一位《金剛經》的行者，就應該以此娑婆世界為道場，面對人間——我們的工作、家庭、父母、子女、這個時代的氣候、溫室效應、環保問題等等，思惟如何應用《金剛經》來面對這些問題。

而《六祖壇經》可以說是《金剛經》的生活版，其中記錄了六祖大師如何應用《金剛經》在人間生活；六祖以他所悟得的無念法門、一行三昧、般若三昧在人間行道，他用「無住相」在人間行六度波羅蜜。所以，在人間道場的我們，不要被外在所扮演的角色迷惑，要看我們的內在，我們要如何站在自己的位置上來實踐《金剛經》的生活，如何讀書、如何從事服務、如何工作？又如何當家庭主婦、為人父母、為人子女？從現在起不妨開始思惟：「什麼是《金剛經》的生活？」大家如果這樣地生活，肯定生活會更有趣而且輕鬆！

從這個思惟的開端，就是我們將開始《金剛經》的人生了。

◆金剛心的生活

當我們每天早上醒過來時，就是修持《金剛經》法門的第一步，第一件事就是先發起菩提心！

每天早上起床檢查，自己的第一個念頭是什麼？是不是無上菩提心？如果不是，不要緊張，當下就發個無上菩提心吧！就將心安住在無上菩提心。

或許我們的心會因為事情繁雜、外界的吵雜不順、或習氣發起而亂掉，但是，一旦覺察到了，就放下！其實我們不怕自己的脾氣生起，最怕的是「不知道」脾氣來了！脾氣發起來了沒有關係，如果覺察到了，就放下！

其實人與人之間也是要有因緣才會吵架，所以何妨轉個念頭，將此不好的因緣轉變成清淨的善緣，心中發起：「希望以後我們能互相扶持、協助，共同成就無上菩提，幫助眾生成佛。」

在這樣心念的轉化中，慢慢將所有的念頭都轉為清淨的念頭。這就是《金剛經》中的「如是降伏其心」的練習，從每一個起心動念中，練習與《金剛經》相應。

不怕念頭生起，只怕無法覺察！一旦覺察到了，就將心念轉向積極、正面，轉向無上菩提！所以，我們可以時時發心，然後安住在菩提心當中；一旦散亂了、就降伏我們的心；漸漸地心心念念都安住在無上菩提心中，而日趨究竟圓滿了！

無上菩提心的發起是沒有執著的，相應於自己的因緣情況，適當的規劃自己的飲食、起居、乃至修持。

在密教的本尊中有一尊金剛薩埵，金剛薩埵又稱為金剛心菩薩。其實佛菩薩的名稱都有其代表意義，而金剛薩埵即代表一切眾生本具的菩提心！因為當我們的心發起來時，我們也可以說是「金剛薩埵」。

阿耨多羅三藐三菩提（無上菩提心）就是如同金剛一樣不壞，因此，具有無上菩提心，也就是具有金剛心，金剛心是念念相續不間斷的。

當我們從發心菩提、伏心菩提到證得明心菩提，從《金剛經》得到開悟的境界，不退於無上菩提心，與無上菩提心相應；隨時隨地都以《金剛經》來思惟，用無上菩提心來思惟、生活、與人相應，如此就是實踐了「金剛心的生活」！

在生活中實踐《金剛經》，以《金剛經》實踐我們的生活，我們就是以生活來註解《金剛經》，如同六祖慧能一樣。

隨時隨地都是以無上菩提心來生活，在人間行道，在人間無住生心的生活！

◈在自身中實踐金剛經

除了生存空間是我們實踐《金剛經》的道場，我們自身當然更是《金剛經》實踐的主要基地，從我們的心開始與《金剛經》相合，讓呼吸與《金剛經》一同呼吸，身體如同《金剛經》所說的一樣無相、不執著，進而擴大到與現前的生活、宇宙法界都是《金剛經》。

心就是金剛經

檢查看看我們的心，是否與《金剛經》合在一起？

如果心不是無住，而是有所執著，那就沒有與《金剛經》合在一起。

如果不是無我、無人、無眾生、無壽者，那就沒有與《金剛經》合在一起。

如果沒有發無上菩提心，那就沒有與《金剛經》合在一起。

檢查一下我們的心，是不是金剛心？

如果我們的心發起無上菩提心了，那我們的心就是《金剛經》了。

如果我們的心發起無上菩提心，而且心無所住，那麼，我們的心就是《金剛經》

了。

如果我們的心無我、無人、無眾生、無壽者，那就是《金剛經》。

如果我們「如是滅度一切眾生，而實無一眾生得滅度者」，那我們的心就是《金剛經》了。

呼吸是金剛經

再觀察我們的呼吸，是不是《金剛經》？

我們的呼吸有沒有與《金剛經》合在一起？檢查看看我們的呼吸是短促的？還是放鬆的？

如果我們不執著呼吸，呼吸就放鬆了；如果我們不執著氣息，氣息就鬆開了。身心放鬆，就能讓呼吸進入身體裡面；我們不執著、呼吸不黏滯，呼吸光明會清淨地在我們身體裡面流轉。這樣我們的氣息就是《金剛經》了，它來無方所、出無積聚、出入無住。

無住，我們的呼吸就放鬆了；呼吸放鬆，頭腦就清楚了，身體就健康了。因為，我們的身體每一個細胞都需要呼吸氧分，如果身心黏滯執著，會使得氧分進不了細胞，久而久之身體就生病了。身體裡面的細胞就像窗戶，身心放鬆，窗戶就打開了，氣息就交換進去了。嬰兒身心放鬆，呼吸很細，全身氣機充滿，所以身體白胖；老人家身心執著，呼吸粗重短促，體內細胞越來越得不到氧分，於是身體越來越乾皺。

所以，讓我們放鬆、自在、放空，這樣，我們的呼吸就與《金剛經》合在一起了。

身體是金剛經

再檢查看看我們身體的氣脈流動是否婉轉如意？是否完全柔順自然？每一個人的身體都是由過去因緣、業力所成，因此每一個人的身體健康條件各不相同，有些人的身體比較好、有些人比較差。但是在我們現有身體條件下，修行之後會引發良性的改變。

如果我們放鬆、不執著自己的身體，身體就會越來越柔軟、氣脈越來越通，身體的運轉也越來越好。於是在我們固有的因緣條件之下，可以將我們的身體運用得更有效率。譬如：同樣一百分的原有因緣條件，別人只用到八十分，我們則可以發揮到一百二十分。

而且，在我們原有的因緣條件下，我們還可以活得更健康、更長壽，這也是當然的道理。

宇宙法界都是金剛經

我們的氣脈、身體與《金剛經》合在一起之後，我們還要擴大到一切——整個宇宙法界都是《金剛經》！整個法界都無我、無人、無眾生、無壽者！這樣的法界就是我們所要建構的清淨莊嚴淨土，我們要幫助一切眾生成佛。大到法界、中到我們現前的生活，小到我們身體、呼吸、心等內境，這一切都與《金剛經》合在一起，而這一切都是廣大的實相！這一切都是一個實相法界、一個無住的法界、一個現空的法界，就是無我、無人、無眾生、無壽者，沒有任何執著的世界。

這時，你會發現：原來，自己與眾生、自我與他人，完全平等平等、相印互融、沒有差別！所以不會排拒所有的東西，心中沒有任何敵對的境界，這也就是「沒有敵者」的觀念。

「沒有敵者」，一般人都誤以為就是「無敵」、就是「具有很大的力量，可以打敗一切」，然則依此邏輯，「無敵」之外更有「超越無敵」者，那麼「無敵」豈不是站不住腳了？

沒有敵者，是從自心到生命、法界的和諧，從心、呼吸、氣脈、身體乃至外境，發生最深沉和諧。

沒有敵者是讓自己從自心到宇宙發出最深沉的和諧聲音，是與自心唱合，是與呼吸唱合，是與氣脈唱合，是與身體唱合。是地、水、火、風、空的宇宙和鳴，是永遠和解的聲音。是以永遠和諧的真心，以無我唱合著，以光明所交響演奏出的幸福清寧，是全體和諧的《金剛經》的世界。

◆金剛經的實際運用

當然，我們也可以將《金剛經》實踐在自己與環境的各種互動關係，無論我們是站在何種工作崗位上，都可以自在運用《金剛經》。如果我們是醫護人員，我們要盡能力幫助病人，至少讓病人的生命得到保存與改善，如果有機會我們還要藉著病人信賴我們的這個因緣，來安慰他們的心靈、讓他們產生智慧。這樣不但醫治他們的身體、更進一步醫治他們的心。

如果我們是建築業者，除了消極的不偷工減料外，在建築每一棟房子時，不妨可以如此發願：「希望住進這房屋的人，將來都能把這裡當成清淨國土，都能修學佛法、解脫成就。」此外，還可以一邊蓋房子，一邊持咒念佛、迴向這個房屋以及將來住進來的人們。

我們可以如此類推，將《金剛經》運用在各種行業之中。當然，在日生活中都可以隨時運用《金剛經》，當我們晚上準備睡覺時，心中可以這樣想著：「所有法界眾生都能安眠、安睡在吉祥的光明裡。」這就是發起菩提心啊！試著讓自己心心念念都在菩提心中。

像我們搭乘捷運時，我們心中也可以這樣想著：希望大家乘車時如同坐在「大法乘」上，駕駛員就是如來，帶著乘客前往清淨的國土；然後將眼睛掃過車廂內的所有乘客，將大家的影像隨緣種在八識田中，心中則希望與大家結成法緣，希望將來有機會一定幫助大家成就；希望大家也共同發起善願，而且如果大家成就了也希望能夠度脫自己，大家共同結下這個法緣。

在日常的生活中作這樣的練習，並無須特別挪出時間來練習，而是在各種日常生活的行為中來積極練習。在這樣的練習中，我們會自然產生喜悅，而且工作效率會變得更好，這樣利人利己的事情，何樂而不為！千萬不要作些損人又不利己的事情，我們的練習既能幫助他人，又能利益自己，實是令人開心！

讓我們對自己好一點，快樂一點，清淨自己的身心，在練習中就能幫助眾生。那麼，我們的工作，就是我們的菩提事業！我們立基於現有的條件之下，盡力去幫助眾生，在各行各業中都能找到自己最恰當的菩提事業。

◆究竟的金剛道者——佛陀

此外，我們還可以思惟：「如果佛陀活在今天的世界，佛陀在台北會如何生活呢？佛陀如何搭乘捷運大眾交通工具？佛陀會如何在台北街頭散步？佛陀看人們會如何微笑？如果佛陀去上班工作，他的上班情形是如何呢？佛陀如果擔任自己的職位，他會怎麼作呢？佛陀如果來到我們家，會怎麼處理家中的事情呢？佛陀會如何扮演自己的角色？」

這樣的想法似乎有點奇怪，實則不然。雖然我們不是佛陀，但是我們學習《金剛經》也就是學習佛陀；我們學習佛陀如何在我們生存的空間生活，同時還要思維「假如佛陀是我的話，他會怎麼作？」

這樣的方法其實就是密教本尊觀「入我我入」的修法，也就是佛陀入於我們的身體、語言、心意，而我們入於佛陀的身體、語言、心意的方法。

所以，學習佛陀可以直接以本尊觀的方法來練習，另一種是思惟「佛陀如果是我，他會怎麼作？他會如何過這一天二十四小時的生活？」這方法其實很有意思的，只要我們跟著這樣去思維，自己就知道如何去作了。

在這樣的練習中，我們可隨時攜帶佛陀的法相，而且在法相圖片的背後寫下「假如佛陀遇到這個問題，會如何處理呢？」從今以後，當念頭生起來時，或者遇到無法解決的事情，就拿起佛陀的法相、看看背面的文句，想像自己是釋迦牟尼，如此多少可以提昇我們決策的品質。這樣的方法，如果覺得別的佛菩薩更相應於自己，也可以選擇其他的佛菩薩來練習。

修學《金剛經》的人遇到煩惱、無法解決的事情時，當然也可以隨意依循《金剛經》中的一段經文，譬如「無我、無人、無眾生、無壽者」、「應無所住而生其心」等偈子，而依照經義思惟如何來解決問題？

這樣的方法，雖然不一定能圓滿解決事情，卻可以增加解決的方案，讓自己跳脫以往思維的模式，以不同的方式來思惟；雖然不一定能解決得很圓滿，但是一定比不用這種方式解決來得圓滿。如此一來，我們就會越來越像生活在《金剛經》中，越來越像如來在《金剛經》中的展現。這樣，我們就將《金剛經》落實在生活上了。

從台北的佛陀，各行各業的佛陀，佛陀散步在淡水河畔……，我們這樣去思惟、生活，就可以將佛法生活化，讓《金剛經》與我們的生活完全結合。不要讓《金剛經》變得玄遠，成了只是讓我們頂禮、依歸、想像、誦念的對象，雖然仍然有功德，但卻是可惜了！將《金剛經》落實在現實的生活，讓《金剛經》導引、指導我們的人生，令我們的人生更光明、更幸福、更圓滿。

試想：在台北的佛陀，宣說金剛經的佛陀，這樣生活的他，是如何看待我們呢？我們是煩惱眾生嗎？是可悲的眾生嗎？還是佛陀看我們其實是跟他完全一樣的佛陀，只是我們自己不自知而已！

《法華經》說：「佛以一大事因緣，出現於世」，就是要使眾生「開示悟入佛陀的知見」。佛陀就是用各種力法來讓我們成佛、教導我們成佛的！

然而我們如何成佛？如何會成佛？當然是因為我們有佛性，所以才會成佛；因為我們心中有鑽石，琢磨之後才會現出鑽石的光芒，佛陀正是看到我們心中的鑽石。當初佛陀悟道時說道：「奇哉！大地眾生與如來一樣，具足智慧種性，可是怎麼沒有開悟呢？」佛陀看我們就是佛！他知道我們的煩惱是假的、虛妄不實的，如果煩惱是真實、不可變的，那何以處理、何以消除？正因為煩惱是虛妄的，才得以消除；所以佛陀幫助我們除去虛妄的煩惱，而與實相相應。

所以現成的實相，就是「一切現空」、「一切是佛」！如來看到了這樣的事實，所以成為如來，成為全佛現成的《金剛經》。

金剛經的實踐者——六祖惠能大師

六祖惠能可以說是典型的《金剛經》行者，他以他的一生來註解《金剛經》，實踐《金剛經》的生活。

我們看看六祖惠能在印宗法師處所演出的一幕：

「不是風動、不是幡動，而是仁者心動！」試問：「風、幡，誰動？」當然是「心」動！這就是「心隨境動」。

我們如果執著「心」，不就是執著「我人眾生壽者」嗎？執著「心」的結果，心隨外境而動，於是就有了「風動、幡動」的話語，風動、幡動就是執著境界；為什麼會執著境界呢？因為執著「我、人、眾生、壽者」的緣故！

所以六祖點出了「不是風動、不是幡動，是仁者心動！」如果我們沒有「我、人、眾生、壽者」，就不會執著「風動、幡動」，因為這一切只是因緣現空的緣故！如果不執著於心，就是「無住」。如此，「應無所住而生其心；生其心時、實無所住」就清楚明白了。

心，不為風所執著，亦不為幡所執著，是心如如，心中完全無住，那麼這一切世間不就清清楚楚、明明白白現起嗎？如此心便得到自由了！什麼是心的自由呢？當我們心無所住就是心的自由了！

如果我們一生的目地都是為了求得自由，一旦執著這自由，哪來的自由可言呢？而且心不放下來，哪來的自在呢？

什麼是「放下」呢？一切無住，現前就是放下！

這一切就是一部《金剛經》，《金剛經》講的就是我們的心。

什麼是不執著的心呢？就是「無住心」！心，無住、不可得，所以能夠無住生心。

所以，六祖惠能的觀念，就是《金剛經》的觀念，這是很清楚的。佛法是「如實觀」，如實的觀照萬事萬物，心中就是很清楚！用我們從《金剛經》所學的「無住心」來生活、用「無我」來生活。看到別人吵著「風動、幡動」，我們則能清楚明白：「既不是風動、也不是幡動、而是心動啊！」

但是如果有人問六祖惠能大師：「這幡，到底有沒有動？」六祖惠能大師一定會回答：「有動！」

因為，六祖絕對不會看著飄來飄去的幡，卻說：「這幡不動！」假若六祖惠能大師看著飄來飄去的幡，竟然說：「這幡不動！」，那麼他的心有沒有動？答案是「有」，他心中有個「不動」。

所以，六祖心中是不會想到動、或不動的問題；世間就是如此，一切都是因緣的聚和，就是這麼回事，一切都看得清楚、明白！

金剛經的日修法

之所以有許多的經典的產生，乃是佛陀因應許多不同因緣、不同眾生，而給予的不同法門。但是，如果我們決定依止《金剛經》，那麼，我們就試著用《金剛經》的觀點來思惟、修行，讓《金剛經》成為我們生命的一部份；乃至用一生、生生世世來註解《金剛經》。

或許有人問，如果我專修《金剛經》，是否可以讀誦、修持其他的經典呢？答案當然是可以的！我們甚至可以透過所修持、學習的各種法門，而令我們更深刻地體悟《金剛經》呢！

修習《金剛經》法的行人，在日常生活中應當依止《金剛經》，生活要以《金剛經》的見、修、行、果為中心，不斷的了悟經中的心要，務必使自身融入經典之中，而現生於世間，以此世間為實踐本經的道場，我們自己就在這個世界當中以《金剛經》的正見為見地，以《金剛經》的修持為修持，以《金剛經》的勝行為己行，圓滿並證悟成就釋迦牟尼佛。

一、皈命

南無本師釋迦牟尼佛

南無金剛般若甚深法

南無金剛會上諸賢聖

二、祈請

無住金剛性　妙用般若心　無相名其宗

法身一相合　一切諸建立　是名非建立
如實而建立　無相廣大行　雙破有頑空
實相如來果　皈命金剛智　無礙金剛語

◈三、發心

1. 四弘誓願

眾生無邊誓願度
煩惱無盡誓願斷
法門無量誓願學
佛道無上誓願成

2. 皈依發心

佛、法及僧諸聖眾　直至菩提永皈依
清淨施等我誓作　為利有情成佛道

3. 四無量心

願諸眾生具足樂與樂因
願諸眾生脫離苦及苦因
願諸眾生常住無苦安樂
願諸眾生捨分別證平等

4. 修法發心

願見金剛般若心　願修金剛般若法
願行金剛般若道　願證金剛果地圓

四、懺悔

往昔所造諸惡業　皆由無始貪瞋癡
從身語意之所生　一切我今皆懺悔
往昔所造諸惡業　皆由無始貪瞋癡
從身語意之所生　文佛現前賜清淨
往者所造諸惡業　皆由無始貪瞋癡

從身語意之所生　六根清淨念實相

五、供養

供養常住佛法僧　現前金剛經三寶
能供所供本無生　無滅福慧願如尊

花、香、水、燈、果及無量珍寶，隨意演現，供養空中常住及《金剛經》法三寶。

六、誦經

如力誦持《金剛般若經》，行者可依自身時間因緣如力誦經，甚至背誦之。可具足誦完一經，或誦少分，平常當常誦此經。若時間不足，在修法時但稱念：

「南無金剛般若波羅蜜經」

◈七、普賢十大願王三昧明穗（亦名隨集功德輪）

法界體空全禮佛　讚嘆如來不思議
身口意淨勤供養　懺悔業障住實相
功德廣大勝隨喜　祈請法輪如法位
文佛住世無量壽　願隨佛學無生滅
眾生隨順咸成佛　普皆迴向法住德

◈八、觀空並安住如幻三昧

現空頓如幻　廣大悲心住
善巧樂修習　爲眾願如尊

現觀法界頓空，以大悲故、以體性清淨如如故，生起如幻三昧，善巧修學本經妙法，圓滿本經妙果。

九、正行現修

1. 見

隨自己之修力生起本經的正見，現觀自身及法界頓空如幻，心具大智並現空悲，慈視一切眾生，憶念思惟如下的本經正見頌，並安住頌中正見：

如來善護念付囑　菩薩勝見降伏心
般若現空不可得　滅度眾生實無住
無我人眾生壽者　平實商量現如來

2. 修

隨力正觀自己的身體、語言、心意，並使自身的身體、語言、心意三業隨順於釋迦牟尼佛，正念思惟現觀如下的本經修法頌；在本經與釋迦牟尼佛的加持下，頓然成就如釋迦牟尼佛，並修習一切佛陀勝法：

無相妙修六度圓　如幻功德不思議
離頑空地顯莊嚴　法身離相現前觀

破立雙圓豁然空　俱生淨信大福德
法相非相現寂滅　無取不取法非法
無上正覺離言詮　無爲法立有差別

3. 行

在釋迦牟尼佛的加持下，現生如佛陀，並正念觀行本經的正行頌，成為釋迦牟尼佛的化身，於世間中依於本經的勝行實踐世尊的大悲事業。

無法實發無上心　無法可得正覺果
現前授記菩提行　諸法非法法亦法
如是勝行不可得　具足莊嚴非莊嚴
無我莊嚴菩薩行　福德圓滿非有無
是心非心是名心　過現未心實無得
具足妙相難見佛　言佛諸法爲謗佛
無有可得無上覺　平等現前離高下
色見聲求佛如來　心行邪道不見佛

不具足相稱如來　諸法斷滅不可說
無相具足六度行　方便圓滿波羅蜜

4. 果

如水注水，如空證空，法界體性，現前一如，釋迦牟尼佛遍入自己的身、語、意，使自身三業完全清淨，自己的身、語、意亦完全銷融於釋迦牟尼佛，平等平等，無二無別，自成釋迦牟尼佛，圓滿安住於佛陀的果地，並如釋迦牟尼佛一般教化眾生。現觀本經果地頌：

現前金剛五眼具　如來說法法無說
無所從來無所去　一合相中如來圓
體性寂滅平常行　著衣持鉢乞食訖
拈花微笑勤付囑　前前後後定金剛

◆十、結歸、迴向

懺除一切諸修誤　前憶本誓自在足

金剛隨念顯莊嚴　法界體證一心成
修法諸功德　迴向於一切
同證體性佛　因果同無生

金剛經的感應故事

古來很多大德修持《金剛經》都有相當的感應與修持靈驗的事蹟，以下摘錄一些感應故事，與讀者一同分享他人的《金剛經》的生活經驗。

◈讀誦金剛經治癒眼疾

明朝有一位名叫周少岳的人。當他五十歲時，眼睛忽然失明，很奇怪的，他眼睛的瞳孔突然變成碧綠色，縱使是大白天，對他而言，仍然是一片黑暗。他以為自己從此殘廢了，便一心歸依佛門，以消除他的宿世罪業。他每天清晨一心不亂地誦持《金剛經》三卷，而且高聲讀誦。即使有客人來訪，還是專心誦讀，不曾停下來接待客人。

就這樣專心勤誦了十五年之久。有一天，他忽然發現眼前似乎有一片光亮，但是一會兒又消失了。他驚疑萬分地叫人來看看他的眼睛，大家看到他左眼的眸子已能轉動。又過了兩個月，他兩個眼睛竟然完全恢復正常，重見光明，甚至比年少時的眼力還好。

少岳有感於《金剛經》的功德，更加虔誠讀誦，後來活到八十歲，無疾而終。

◈金剛經的四句偈治癒痲瘋

在《報應記》中敘述了一則誦《金剛經》的四句偈，而治癒痲瘋病的不可思議事蹟。

唐朝房州有一位叫強伯達的人，他年青時就已患有痲瘋病，因為這是家族遺傳的惡疾。

在元和九年，伯達稟告父兄說：「我知道這種病治不好，既然難以活命，又惟恐貽患於後，不如將我到山巖下去。」父兄們雖然於心不忍，考慮再三，最後不得已，也只好照著他的話去做了。於是準備好糧食，護送他到山巖下，然後依依不捨地含淚道別。

從此伯達便居於巖下，絕食數日後。忽然有一位和尚經過，看見他痛苦的神情，悲憫之心不禁油然而生，告訴伯達說：「你可以念《金剛經》中的四句偈，或許可以解除一些痛苦。」和尚當場傳授給他，伯達學會後，就不停地念誦。

過了幾天，伯達看到一隻老虎走向他來，心中非常的恐懼，在這情景下，他便閉目虔誠的念誦四句偈。然而老虎卻走到他的面前，用舌頭舐遍他身上的瘡口。他全身感到一陣清涼之意，彷彿敷上了上好的良藥，身體不再感覺痛苦。過了很久，老虎離去之後，伯達發現瘡口竟然已經乾合。

隔天，那位和尚又來探望他，伯達敘說昨天老虎前來舌舐瘡口的經過。和尚聽了之後便到山邊拔了一把青草，交給伯達說：「你將這把草帶回家去煎煮，你的病就可以痊癒了。」

伯達感動得熱淚盈眶跪拜在地，再三的向和尚致謝他的救命之恩。和尚撫摸著他的背部，安慰一番後，就離去了。

伯達返回家中，將事情的始末全部說了一遍。他的父母及所有親族對於伯達的奇遇，都感到驚異萬分，一再地讚歎《金剛經》的功德不可思議。伯達身上的瘡口因此痊癒，從此惡疾沒有再復發，於是終身念偈，從不懈怠。

◈金剛經的長生法門

在《巾馭乘續集》中記載了一位道士向智融和尚祈求長生之法，而每日誦念《金剛經》獲得長壽的故事。

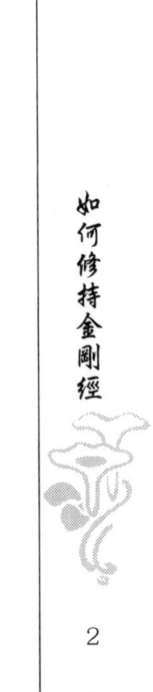

明朝宣德年間，在四川西部的鶴鳴觀有一位名叫陳入玄的道士，他經常向神祈求長生之法。有一天，出現了一位自稱是金剛神的告訴他說：「如果你想祈求長生的法門，可以前往岷山禮拜智融和尚，他可以傳法給你的。」

於是入玄便依照金剛神的指示前往。他向智融和尚懇切的祈求長生法門，智融告訴他說：「《金剛經》偈云：『一切有為法，如夢幻泡影，如露亦如電，應作如是觀』。這是佛法長生的法門。」

入玄問：「既然是如幻夢，何謂長生呢？」

智融大聲的說：「諸相非相，三藐三菩提心不入斷滅。」

入玄聽了言下大悟，於是拜別智融返家，隱居於瓦屋山的虎踞巖。從此之後，每天持誦《金剛經》，始終不間斷。

他活到九十八歲時，有一天，集合了所有的道友，告訴他們說：「我少年時曾立志求仙家的長生，現在有幸得到佛教的長生法門，但願各位也能得到我所獲得的。」說完就瞑目而逝了。

◈受持金剛經得長壽

在《金剛經持驗紀》中記載了一則受持《金剛經》而轉變相貌且長壽的故事。

在梁天監年間，有位琰法師，他十一歲即出家作沙彌，住於長安招提寺。當時有一位相師，從一個人的相貌及氣色就可以斷定吉凶，曾經被他看過相的人，都認為他的斷言相當奇驗。有一次，琰法師請他看相，相師凝神注視後，對琰法師說：「從你的相貌看來，你非常的聰明，智慧不凡，只可惜帶有夭壽相，恐怕很難活過十八歲。」

琰師聽了心中感到十分憂懼，於是四處探詢、請益，究竟修持何種功德可以延長壽命？很多人都建議他受持《金剛經》，因為《金剛經》的功德最大，如果能依法受持，必定可以獲得長壽。

琰師摒棄萬緣，就直接入山虔心受持《金剛經》，日以繼夜也不間斷。

於是有一天深夜，琰師看房中示現出五色光明，在光明中有一位身高五尺的梵僧告訴他說：「本來你的世壽僅有十八歲，由於你一心受持《金剛經》，以此殊勝功德，你得以延壽。」

說完就消失不見了，之後琰師更加精進的修持。

多年之後，琰師又去尋訪先前的相師，想請教他自己現在的相貌究竟變得如何。相師仔細地端詳之後，非常驚訝的說：「真想不到今天竟然還能跟你見面！以前看你的相貌，我曾經斷言只能活到十八歲，但是你究竟作了什麼福德，夭壽的面相已然全消，而且現出長壽之相呢？」

琰師淡淡的說：「我只是專心持念《金剛經》而已。」並將多年修持的經過詳加敘述，相師讚歎說：「我依看相謀生，雖然知道累積福德可以延長壽命，卻不知道佛法的功德，竟是如此殊勝，實在太不可思議了！」

琰師活到九十二歲才坐化。臨終時，異香滿堂，人人稱奇。

◆誦念《金剛經》驅走惡煞

唐朝有一位清虛法師，梓州（四川三台縣）人，他經常持誦《金剛般若經》。有一次他在山林中誦《金剛經》時，有七隻鹿來旁傾聽，當他停止讀誦時，鹿才離去。有一回，鄰居失火發生火災，當火焰要燒到他的房子時，火焰飛過他的房子，左右鄰居全部都遭焚燬，唯獨他的房子安然無損。

在長安二年時，清虛法師獨自閒遊藍田（陝西）的悟真寺，當時的華嚴大師法藏，耳聞清虛法師誦經非常有名，告訴他說上方北院沒有井、泉，遠至澗中取水來往很辛苦等等，清虛法師聞知，便進入彌勒閣內焚香誦經，誦經聲連續維持了三夜。當第三日黎明時分，忽然心中看見有三個玉女於西北山腹之間，用刀子在剜地，並看見她們取出水來。清虛法師熟記那個地點，天亮之後就帶人前去開掘，果然獲得甘泉，而且用之不竭。

長安四年時，清虛法師到嵩山少林寺結夏安居，聞說山頂有一間佛堂很寬敞，但因為有鬼神居住在那裡，所以人們都不敢進去。而曾經有一位律師，仗恃著自己的戒行，便進去住，當天夜晚看見一位巨人持矛向他刺去，他便愴惶地逃下山來，不久之後就死了。

另外還有一個持火頭金剛呪的和尚聞聽這消息後，便說：「有什麼可怕？為什麼不能去？」於是，他便帶了香火，入室持呪，不久神人出來了，持其雙足擲澗下。後來此和尚七日都不說話，精神恍恍惚惚……。

清虛法師聽聞之後便說：「下趣鬼物，竟敢如此？」於是前往那個地點，在那裡如往常一般誦經。

到了夜間，聽到殿堂的東方有巨大的聲響，知道那鬼神將要出來了，於是誦念十一面觀音呪。接著聽到佛堂中好像有兩隻牛相鬥的聲音，佛像全部都為之震動，持呪無效，於是改誦念《金剛般若經》，聲音漸趨便弱，以至都聽不見。從此再也沒有鬼神的患擾，來此住者也都安然無殃，因為鬼神已經移往他處去了。

在神龍二年時，奉皇上詔入內宮祈雨，誦經二七日，便有雪下降，中宗以為不濟所需，叫清虛法師更為祈雨。清虛法師在佛殿內精誠祈禱並燃去一指，一夜之間，雷雨淋灑千里，乾旱現象解除，不久之後，所燃之指便恢復如故。

◆誦念《金剛經》騰於空中

在《巾馭乘續集》中記載，明朝湖南有一位戒行頗高的和尚，名叫法禪，他發願往廬山建庵修行。當和尚到達九江時，剛好西城外有位王西溪先生想要誦《金剛經》，而且久仰法禪和尚的盛名，於是延請法禪和尚到他的家中誦經，約定誦經三年期滿後，供奉三百兩紋銀。

但是三年期滿後，王西溪並未履行之前的約定，僅給他一百兩。由於不夠建庵所需，法禪和尚於是把大半的銀兩又布施出去了。

當時，有一位分封的藩王，他的船抵達九江，遇到逆風。有個富商雇請僧眾替藩王拉船，始終不能使這些船隻繼續前進，只有法禪和尚所拉的船，行駛的速度快如風馳一般，而且法禪和尚的腳下還騰空一尺的高度。

藩王看到此景深感驚異，立刻召法禪和尚來詢問，而法禪和尚卻茫然不知所對。藩王以為他是妖，準備用刑逼供，法禪和尚害怕得不知所措。藩王看他那種害怕的樣子，似乎不像是會妖術的人，於是打消用刑的念頭，僅僅再加以盤問而已。

法禪和尚熟思了良久，才稟告藩王說：「貧僧不會什麼妖術，惟有在王西溪的家中，誦持《金剛經》達三年之久。」並將所有的經過據實稟報。

藩王聽完法禪和尚所說，心中感到非常抱歉說：「久聞《金剛經》有不可思議的功德，但是沒想到竟然如此靈應，真是意想不到！」再三稱讚他誦經的功德，並賜給他銀子三百兩，資助法禪和尚完成建庵的心願。

天啟辛酉年，法禪和尚進入廬山，後來不知所終。

◈誦持金剛經免於火難

依《金剛經持驗紀》記載，有一位袁了凡先生的後裔袁應和，他是清朝武林人。家住於吳山西北麓。當他六十一歲時，已經持齋八年，並且每天持誦《金剛經》，從來不曾間斷。

順治辛丑年五月十三日子時，正是午夜時分，他家附近有位姓陳人家不慎發生火災。當時正吹著強勁的西北風，不一會兒就已經燒毀了一百六十多家。

火勢很大將要蔓延到袁家時，應和將正端坐樓上念佛的母親（已經八十多歲）趕緊揹下樓。這時火勢已經蔓延接近袁家了，應和知道無法倖免於難，就開始大聲朗誦《金剛經》。

這時有位名叫陳見陽的人，為人篤實，他剛好躲在袁家牆角旁避火。這時他忽然看到一片像幃帳形狀的紅光，從天而降罩住袁家四周的圍牆。過了一會兒，這片紅光才消失不見，而強勁的西北風竟然在此時轉為東南風。當時火勢非常大，若非紅光罩住，風向轉變，恐怕袁家早已被燒成灰燼。

應和將他的母親送到安全的地方後，就一個人長跪於庭中繼續誦經。這時附近圍集的人都來到袁家，向應和稱賀。見陽在人羣中講出他所看到的一切經過，應和才知道這是金剛護法救護之功，從此誦持《金剛經》的信心愈加堅定。

誦持金剛經迴向鴿子轉生為人

唐朝的明度法師，平常以誦《金剛般若經》為常課。

明度法師以慈濟為心，愛護一切有情生命。在貞觀末年的時候，有二隻鴿子築巢於明度法師的屋樑上，並生育了二隻幼鴿。明度法師常以自己吃剩餘的粥飯餵哺巢中的幼鴿，並且邊餵邊祝願道：「乘我經力，羽翼速成……」。

有一天早晨，兩隻幼鴿忽然墮地皆殞。明度法師看到二隻幼鴿已死，就在屋外挖土將牠們埋葬了。

過了十多天之後，明度法師夢見兩個小孩來告訴他們：「我本是卵生的小類，承蒙上人飼養及持誦迴向，現在已經轉生人道，距寺東方十里外的某家便是……」

明度法師默然記住，到十個月以後，便前往拜訪那個人家，那家果然孿生二個小孩，滿月之後，明度法師又去看視，並呼叫他們：「鴿兒！」兩個嬰孩一齊回頭應諾。小孩長到一歲多便能說話了，二個小孩皆長大成人。

附錄一

金剛經的相關年表

◆佛紀四四五年（公元前一〇〇年）

《般若經》原型成立。

◆佛紀六〇四年（公元六〇年）

《般若經》、《法華經》、《華嚴經》、《無量壽經》等初期大乘經典成立。

600　0　BC100

《般若經》與其他大乘經典相同，都在佛滅後四五百年間，才開始漸漸成立。現存六百卷《大般若經》，從其內容組織結構上及其思想來看，都不是原始所存的般若，但都是般若部系的叢書。以集合多種般若部系所成。所以原始所存的般若，祇有八千頌《小品般若》及二萬五千頌《大品般若》與《金剛般若》，所以般若部系要以「小品」為最古，約為佛陀滅後第一百年至第五百年之間。

700

◆佛紀七七八年（公元二三四年）
印度僧龍樹（一五〇—二五〇頃）著《中論》、《十二門論》、《大智度論》、《十住毘婆沙論》等。

◆佛紀九四五年（公元四〇一年）
鳩摩羅什抵達長安（一說為三九五、四〇〇、四〇二），譯《仁王般若經》二卷、《金剛般若經》。

◆佛紀九四八年（公元四〇四年）
鳩摩羅什譯《大品般若經》三十卷、《百論》二卷。

900

◆佛紀九四六年（公元四〇二年）
鳩摩羅什譯《摩訶般若波羅密多大明咒經》。

◆佛紀九九四年（公元四五〇年）
無著作《攝大乘論》、《金剛般若經論》、《顯揚聖教論》等書。

即非福

◆佛紀一〇五三年（公元五〇九年）

菩提流支譯《金剛般若經》。

◆佛紀一〇五六年（公元五一二年）

梁武帝註釋《大品般若經》。

◆佛紀一〇六一年（公元五一七年）

慧令撰《般若抄經》十二卷。

◆佛紀一一〇六年（公元五六二年）

陳代真諦翻譯《金剛般若經》。

1000

◆天親造《金剛般若波羅蜜經論》

◆隋朝智顗說《金剛般若經疏》

◆佛紀一一三四年

（公元五九〇年）

隋代達摩笈多譯《金剛能斷般若波羅蜜經》。

◆佛紀一一三九年

（公元五九五年）

隋朝吉藏撰《金剛般若經疏》

◆佛紀一一九九年

（公元六五五年）

唐朝司馬喬血書《金剛般若經》

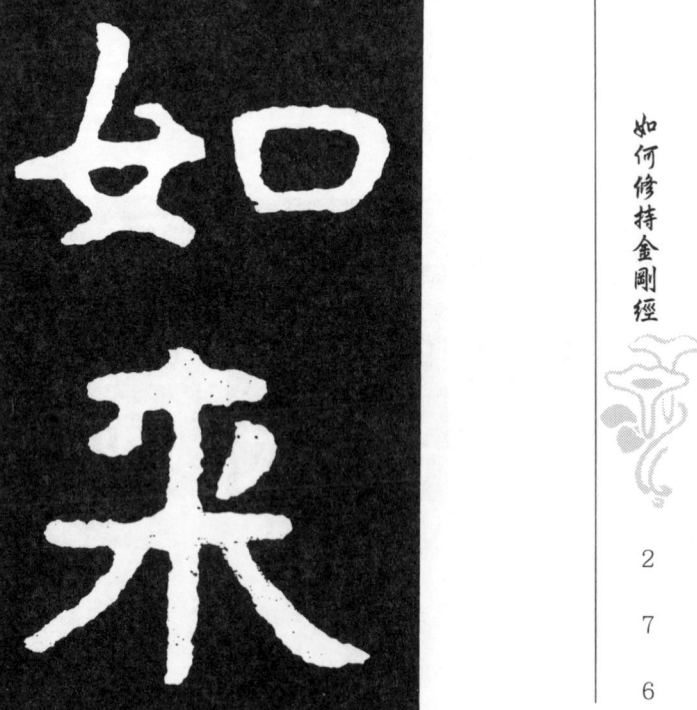

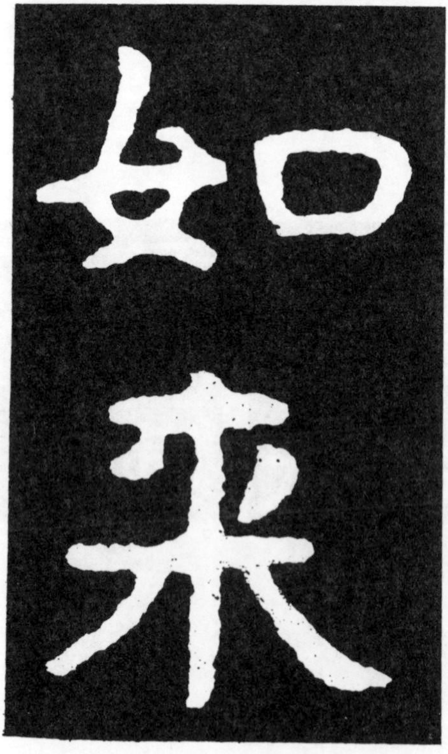

◆**佛紀一二〇〇年**

（公元六六〇年）

唐朝玄奘於玉華宮始譯「大般若經」（一說六五九）。

李虔觀血書「金剛般若經」、「般若心經」等。

◆**佛紀一二〇七年**

（公元六六三年）

唐朝玄奘譯完《大般若經》六百卷。

◆**佛紀一二四七年**

（公元七〇三年）

唐朝義淨譯《能斷金剛般若波羅蜜多經》。

1200

◆唐朝慧淨註《金剛般若波羅密經並註》

◆唐朝窺基撰《金剛般若經贊述》

◆東晉僧肇註《金剛若波羅密經・註》

◆唐朝宗密述・宋子璿《金剛般若經疏論纂要》

◆唐朝智儼《佛說金剛般若波羅蜜經略疏》

◆佛紀一二七一年

（公元七二七年）

日本於皇宮中誦讀《金剛般若經》以除災異。

◆佛紀一二七八年

（公元七三四年）

唐玄宗作《注金剛經》。

◆佛紀一三〇二年

（公元七五八年）

日本諸國抄寫《金剛般若經》三十卷，置於國分二寺。

◆佛紀一三七三年

（公元八二九年）

春，清晃等人於姑蘇法華經院石

1300

◆佛紀一二三九年

（公元六八五年）

日本於皇宮中講述《金剛般若經》。

非相

壁雕刻《法華經》、《維摩經》、《金剛經》、《尊勝陀羅尼經》、《阿彌陀經》、《觀普賢經》、《實相法密經》、《般若心經》。

◆**佛紀一五〇一年**

（公元九六六年）

唐山宗蘊於宮中講《金剛經》。

◆**佛紀二一八一年**

（公元一六三七年）

清，如觀撰《金剛經筆記》。

1500

1800

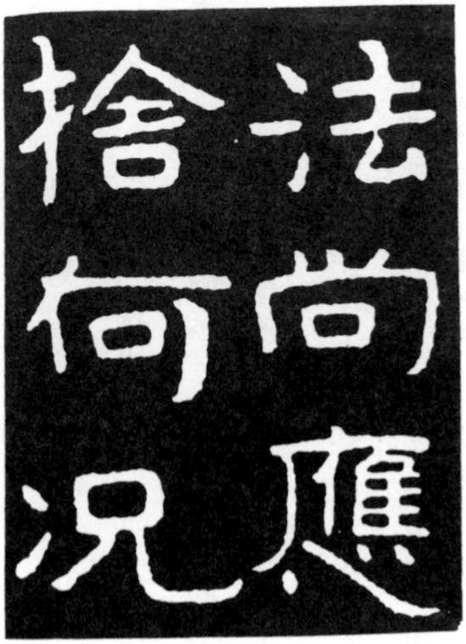

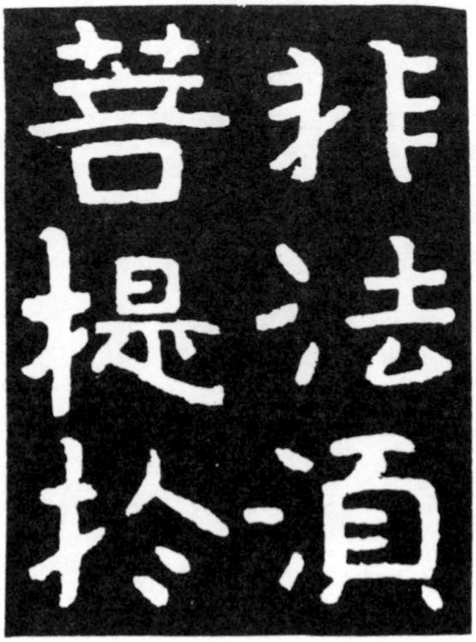

附錄二

與金剛經相關的書籍

1. 金剛般若波羅蜜經　姚秦鳩摩羅什譯　大正原版大藏經
2. 金剛般若波羅蜜經　元魏菩提流支譯　大正原版大藏經
3. 金剛般若波羅蜜經　陳真諦譯　大正原版大藏經
4. 金剛能斷般若波羅蜜經　隋笈多譯　大正原版大藏經
5. 佛說能斷金剛磐若波羅蜜多經　唐義淨譯　大正原版大藏經
6. 金剛般若論　無著菩薩造…隋達磨笈多譯　大正原版大藏經
7. 金剛般若波羅蜜經論　無著菩薩造…隋達磨笈多譯　大正原版大藏經

8. 金剛般若波羅蜜經論　天親菩薩造…元魏菩提流支譯　大正原版大藏經
9. 金剛般若經疏　隋智顗說　大正原版大藏經
10. 金剛般若疏　隋吉藏撰　大正原版大藏經
11. 金剛般若經贊述　唐窺基撰　大正原版大藏經
12. 金剛般若經疏論纂要　唐宗密述・宋子璿治定　大正原版大藏經
13. 佛說金剛般若波羅蜜經略疏　唐智儼述　大正原版大藏經
14. 金剛般若論會釋　唐窺基撰　大正原版大藏經
15. 金剛般若波羅密經註　東晉僧肇　註　新纂卍字續
16. 金剛般若波羅密經並註　唐慧淨　註　新纂卍藏經
17. SERIE ORIENTALE ROMA XIII, Vajracchedika Prajñāpāramitā Edited and translated by Edward Conze, With introduction and glossary ROMA Is. M. E. O. 1957
18. Buddhist wisdom Books, containing The Diamond Sutra and The Heart Sutra, translated and explained by Edward Conze with additional commentray 1988, revised edition, Unwin Hyman Ltd.

19. Perfect Wisdom, The Short Prajñāpāramitā Texts, Translated by Edward Conze. Buddhist Publishing Group, First published by Luzac & Ltd London 1973 Copyright 1993 Muriel Conze

20. 般若心經・金剛般若經　中村元／紀野一義　譯著　岩波書店

21. 大乘佛典の研究　宇井伯壽　著　岩波書店

22. 金剛般若經（佛典講座 6）　梶芳光運　著　大藏出版株式會社

23. 金剛般若經の言語研究　鈴木勇夫　著　中部日本教育文化會

24. 英語と金剛般若經を結ぶ語源の研究　鈴木勇夫　著　中部日本教育文化會發行

25. 梵文金剛經講義　南條文雄　著

26. 蒙藏梵漢和合璧金剛般若波羅蜜經　橋本光寶／清水亮昇　編譯　東京蒙藏典籍刊行會

27. 般若經講記　印順導師　著　演培、續明　記　正聞出版社

28. 金剛經講話　法舫法師　著　佛教出版社

29. 金剛經說甚麼　　南懷瑾　著　　老古文化事業股份有限公司
30. Manual of Zen Buddhism New York Gove Press Evergreen D.T.Suzuki
31. The Diamond Sutra and The Sutra of Hui Neng　　Translated by: A.F. Price and Wong Mou-Lam With forewords by W.Y. Evans-Wentz, Joe Miller and Christmas Humphreys. Shambhala Publications, Inc.
32. The diamond that cuts through illusion 1992 by Thich Nhat Hanh Parallax Press (Berkeley, California)
33. DHARMA PITAKA　Sangha Mahayana Indonesia　Majelis Agama Buddha Mahayana Indonesia
34. THE Heart Sutra　The Diamond Sutra　Kaohsiung Taiwan Second Edition Gerhard Herzog ed.
35. The Diamond Sutra　　Printed in the United States of America
36. 金剛般若經（大乘佛典第一卷）　　長尾雅人／戶崎宏正　譯　　中央公論社
37. 金剛經五十三家集註　　慧能禪師等　註　　新文豐出版公司

38. 金剛經講義　江味農居士　著　東山禪寺印行
39. 金剛經釋密　吳靜宇　著　三德書局
40. 金剛經講錄　道源老法師　講述　普明精舍
41. 般若經　平井俊榮　著　筑摩書房
42. 能斷金剛般若波羅蜜多經　談錫永　導讀　博益出版集團有限公司
43. 金剛經導讀　談錫永　全佛出版社
44. 金剛經の意譯と解說　伊藤古鑑　著　國書刊行會
45. 金剛經の禪・禪への道　鈴木大拙　著　春秋社
46. 般若波羅密多思想論集　真野龍海博士頌壽記念論文集　山喜房佛書林
47. 金剛般若波羅蜜經講義　華藏金剛上師講述　台灣諾那精舍金剛贈經會
48. 金剛經校正本　江味農居士　校正
49. 能斷金剛般若波羅蜜多經釋　太虛法師　著　北京佛教居士林
50. 金剛般若波羅蜜經講義　圓瑛法師　述　華文印刷所
51. 金剛般若波羅蜜經講錄　道源老法師　述　菩提樹雜誌社

52. 金剛般若波羅蜜經講記　釋演培　著　大覺禪舍
53. 金剛經今譯　陳高昂　譯　天華出版事業股份有限公司
54. 金剛經　許華良　發行　崇豐印刷企業有限公司
55. 金剛般若波羅蜜經講記　釋智諭　述　西蓮淨苑
56. 金剛般若波羅蜜經講義　釋心空法師　述　大新印書局
57. 新註川老金剛經　德源禪學院　印　清華山德源禪寺
58. 金剛般若波羅蜜經淺釋　宣化上人　述　法界佛教總會法界佛教大學
59. 金剛經演義註解　諸廣成居士　著　大乘精舍印經會
60. 金剛經講義密解　良智上師　著　圓覺出版社
61. 金剛般若波羅蜜經　圓香　著　無漏室印經組
62. 江著金剛經義節略　鍾鈞梁　著　財團法人華嚴莘社菩提佛堂
63. 金剛經百家集註大成　夏蓮居居士　印　普門文庫
64. 金剛般若波羅蜜經講解　淵明印刷有限公司
65. 金剛般若波羅蜜經　香港博德重印

66. 金剛般若波羅蜜經講話（韓文） 金月雲 著
67. 金剛經三家解（韓文） 沈載完 著 嶺南大學校出版部
68. 金剛般若波羅蜜經講義 釋達理 著 新文豐出版公司
69. 金剛經探微述要 釋普行 著 佳芳印刷有限公司
70. 金剛經中道了義疏 慈舟大師 著 自由書店
71. 金剛經的研究 沈家楨 著 慧炬出版社
72. 金剛經入門 普門文庫贈經會
73. 金剛般若波羅密經 釋能學 譯 新超峰寺
74. 金剛經譯本集成 林光明 編著 迦陵出版社

佛經修持法2

《如何修持金剛經》

作者　洪啟嵩
執行編輯　吳霈媜
封面設計　張育甄
出版　全佛文化事業有限公司
訂購專線：(02)2913-2199
傳真專線：(02)2913-3693
發行專線：(02)2219-0898
匯款帳號：3199717004240 合作金庫銀行大坪林分行
戶　名：全佛文化事業有限公司
E-mail:buddhall@ms7.hinet.net
http://www.buddhall.com
門市　新北市新店區民權路108之3號10樓
門市專線：(02)2219-8189
行銷代理　紅螞蟻圖書有限公司
台北市內湖區舊宗路二段121巷19號（紅螞蟻資訊大樓）
電話：(02)2795-3656　傳真：(02)2795-4100
初版　二〇〇四年二月
初版五刷　二〇一八年十一月
定價　新台幣二六〇元
ＩＳＢＮ　978-957-2031-45-2（平裝）

國家圖書館出版品預行編目資料

如何修持金剛經 / 洪啟嵩著. -- 初版. --
新北市：全佛文化, 2004[民93]
面；　公分. -- (佛經修持法；2)

ISBN 978-957-2031-45-2(平裝)

1.佛教—修持　2.般若部

225.7　　93001659

Buddhall

Published by BuddhAll Cultural Enterprise Co.,Ltd.

BuddhAll

BuddhAll.

All is Buddha.

BuddhAll